Bernd Birkbach
Mai 1979

Hans Füchtner ist Dozent am Fachbereich Gesellschaftswissenschaften der Universität Frankfurt. Veröffentlichungen über gesellschaftswissenschaftliche Aspekte der Psychoanalyse.

campus

Studium: Pädagogik

herausgegeben von Hans-Jochen Gamm, Darmstadt; Martin Kipp, Hannover; Werner Raith, Darmstadt.
Lektorat: Adalbert Hepp/Beate Koglin

Hans Füchtner

Einführung in die Psychoanalytische Pädagogik

Campus Verlag
Frankfurt/New York

CIP-Kurztitelaufnahme der Deutschen Bibliothek

Füchtner, Hans:
Einführung in die Psychoanalytische Pädagogik /
Hans Füchtner. – Frankfurt/Main, New York :
Campus-Verlag, 1979.
 (Campus : Studium ; 544 : Pädagogik)
 ISBN 3–593–32544–6

ISBN 3–593–32544–6
Copyright © 1979 bei Campus Verlag GmbH, Frankfurt/Main
Produktion: Buchteam Frankfurt
Umschlaggestaltung: Eckard Warminski, Frankfurt/Main
Satz, Druck und Bindung: Friedrich Pustet, Regensburg
Printed in Germany

Inhalt

Editorial 7

Einleitung 9

Erster Teil: Zur Geschichte der Psychoanalytischen Pädagogik

Die Psychoanalytische Bewegung und die Anfänge der Psychoanaly-
tischen Pädagogik 11
Die Blütezeit der Psychoanalytischen Pädagogik 14
Die Psychoanalytische Pädagogik als fortschrittlichster Zweig der
Psychoanalytischen Bewegung 16
Psychoanalytische Kindertherapie und Pädagogik 18
Psychoanalytische Pädagogik und Massenpsychologie 19
Die Adlerianer 22
Die Vertreibung der Psychoanalyse durch den Faschismus und das
Verschwinden der Psychoanalytischen Pädagogik 23
Die Psychoanalyse in der Pädagogik der Gegenwart 24

Zweiter Teil: Die wissenschaftlichen Grundlagen der Psychoanalytischen Pädagogik

Die Objektbeziehungen und die psycho-sexuelle Entwicklung des
Kindes 29
Sexualität und Gesellschaft 32
Der Ödipuskomplex und der psychoanalytische Familialismus 34
Die Strukturhypothese 36
Die Ebene des Psychischen und die Realität 42
Das Unbewußte 45
Psychoanalytische und soziologische Erklärungen 49

Dritter Teil: Probleme der psychoanalytischen Pädagogik

Trieberziehung und Ich-Pädagogik 52
Die Erziehung des Erziehers 60
Familiale Beziehungen und psychoanalytische Pädagogik 63
Erziehung zur Gemeinschaftsfähigkeit 76
Die Psychoanalytische Pädagogik und die Schule 80
Massenpsychologische Pädagogik 87
Psychoanalyse und Pädagogik 92
Das konservative Potential psychoanalytischer Pädagogik 97

Vierter Teil: Psychoanalytische Elemente in der Pädagogik der Gegenwart

Die Psychoanalyse in der Theorie der antiautoritären Erziehung .. 100
Die Psychoanalyse in der Sozialarbeit 105
Psychoanalytischer Interaktionismus und Pädagogik 107
Erziehung ohne Erzieher 112
Ebenen pädagogischer Beeinflussung....................... 116
Die Zukunft der psychoanalytischen Pädagogik................ 123

Begriffserklärungen..................................... 126

Literatur 128

Sachregister 136

Personenregister 138

Editorial

Unter den Theorien, die Licht in das Erziehungsgeschehen und in das pädagogische Verhältnis bringen können, gehört das psychoanalytische Deutungsschema zweifellos in die erste Reihe. Der Freud-Schüler *Siegfried Bernfeld* hat 1925 erstmalig Möglichkeiten aufgezeigt, den gesamten pädagogischen Radius mit Hilfe psychoanalytischer Kategorien aufzuhellen, Probleme zu erkennen, die sich bei der üblichen pädagogischen Extraversion gar nicht abzeichnen.

Diese Gegebenheit bringt es freilich mit sich, daß soziale Systeme, die ihrer selbst durchaus sicher sind oder zumindest als solche gelten wollen, jedes Instrument aus dem Arsenal psychoanalytischen Denkens strikt abweisen. Ein unwiderlegliches Beispiel dafür bietet der deutsche Faschismus; er erklärte die Erkenntnisse *Sigmund Freuds* und seiner Nachfolger schlicht als typische Produkte des jüdischen Geistes, die einem germanischen Rassebewußtsein unerfindlich blieben und zudem nur in die Welt gesetzt worden seien, um die arischen Völker zu verwirren, ihr artgemäßes Bewußtsein zu zersetzen und damit die Herrschaft des Weltjudentums auch mit solchen Mitteln voranzutreiben. Es ist nicht abwegig, das Verhältnis zwischen Psychoanalyse und Pädagogik auch als ein gesellschaftsanalytisches Paradigma zu interpretieren.

Wer anzuerkennen bereit ist, daß das Kind innerhalb seiner jeweiligen Familienkonstellation die entscheidende emotionale Ausstattung erhält, daß seine Gefühle grundlegend mit Eindrücken versehen werden, bevor es sie selbst zu bearbeiten in der Lage ist, der ermißt erst das Erziehungs- und Bildungsproblem in seiner ganzen Schwere. Wenn es das Ziel des menschlichen Lebens ist, Mündigkeit praktizieren zu können, dann müssen die quälenden Bestandteile des psychischen Haushalts ausgeräumt, tägliche Leidenserfahrungen an der eigenen Vergangenheit überwunden werden können. Das ist die Aufgabe des Analytikers, der gemeinsam mit den Patienten die verwirrende Szene in ihren Ursprüngen zu rekonstruieren versucht, gewissermaßen eine rückwärtsgerichtete Selbsterziehungshilfe vermittelt.

Auf die Zukunft aber stellt das Vorhaben von *Hans Füchtner* ab. Sein

Entwurf psychoanalytischer Pädagogik ist darauf gerichtet, das erzieherische Umfeld grundlegend aufzuklären, ein höheres Maß an Sensibilität bei
Eltern und Lehrern aufbauen zu helfen, um die intergenerative Traumati-
sierung nicht als Dauerverhängnis annehmen zu müssen. Der gesellschaftliche Erziehungsprozeß des bürgerlichen Zeitalters beruht in seinem Ethos
darauf, daß niemand zum Leiden verurteilt werden darf, sondern daß durch
bessere Kenntnis des interpersonalen und intrafamilialen Geschehens die
Humanisierung der Gesellschaft vorangetrieben wird. Die Früchte solcher
Erkenntnis und eines darauf abgestimmten Verhaltens können der nächsten
Generation zugutekommen.

Darmstadt, im Februar 1979   Hans-Jochen Gamm

Einleitung

Zwischen der grundlegenden Bedeutung der Psychoanalyse für das Verständnis des Kindes, seiner Entwicklung und seiner Beziehungen zur Umwelt und zu den Erwachsenen einerseits und der Folgenlosigkeit psychoanalytischer Kenntnisse für den pädagogischen Alltag andererseits besteht gegenwärtig ein großes Mißverhältnis. In Veröffentlichungen über die Bedeutung der Psychoanalyse für die Pädagogik wird dieses Problem jedoch selten aufgegriffen. Häufig werden nur die Grundzüge der Theorie der Psychoanalyse und verschiedener »Strömungen der Tiefenpsychologie« relativ ausführlich dargestellt und die damit verbundenen unterschiedlichen therapeutischen Einstellungen referiert (vergl. Dienelt, 1973 und Schraml, 1969). Welche Folgen die Erkenntnisse der Psychoanalyse für die Pädagogik haben bzw. haben müßten, wird meist in wenigen, allgemein gehaltenen Überlegungen abgehandelt. Die Psychoanalyse scheint nur als therapeutisches Verfahren zur Behandlung von Problemkindern wichtig zu sein. Auf diese Weise wird unterschlagen, daß seit den 20er und 30er Jahren eine Psychoanalytische Erziehungslehre zur Verfügung steht, die aber nicht weiterentwickelt wurde.[1] In der Psychoanalytischen Pädagogik dieser Jahre spielte der Gedanke der Neurosenprophylaxe eine besondere Rolle und die Schwierigkeiten, die Erkenntnisse der Psychoanalyse in die pädagogische Praxis umzusetzen, wurden auch als politisches Problem diskutiert.

Die Absicht, an dieser Psychoanalytischen Pädagogik direkt anzuknüpfen und diese beiden Aspekte in ihrer aktuellen Bedeutung hervorzuheben, hat unsere Darstellung beeinflußt. Selbstverständlich beginnt sie mit der Geschichte der Psychoanalytischen Pädagogik und erörtert ihre wissenschaftlichen Grundlagen und Grundfragen. Dementsprechend wird die Psychoanalyse hier zunächst nur als Psychologie berücksichtigt und nicht als eine besondere Art von Interaktionstheorie, als die sie inzwischen erkannt wird. Unsere Abhandlung bleibt damit vorwiegend in den Grenzen, die der Psychoanalyse durch die theoretische Grundlegung Freuds gezogen

---

1 Siehe dazu vor allem den umfassenden Überblick von Rehm (1968). Die gut dokumentierte Darstellung enthält umfangreiche Bibliographische Angaben.

sind. Auf diese Weise kommen einige Fragen zu kurz, die schon von der Psychoanalytischen Pädagogik vernachlässigt wurden, vor allem die Frage der klassen- und schichtspezifischen Unterschiede von Erziehungs- und Sozialisationsprozessen. Das Festhalten an der Psychoanalyse als einer psychologischen Theorie hat jedoch auch Vorteile: sie ist hier praktische Menschenkenntnis auf dem Niveau von Wissenschaft (Politzer, 1923). Die psychischen Bedürfnisse von Erziehern und Zöglingen lassen sich in ihrer Sprache leichter benennen, als in interaktionistischen Formulierungen.

Auf diese Weise kommt in diesem Buch zwar die Kritik an der konservativ erstarrten Psychoanalyse zu kurz, die an ihrem naturwissenschaftlichen Selbstverständnis festhält und pädagogische Aspekte geradezu phobisch ignoriert. Indem wir hauptsächlich den Aspekt der Objektbeziehungen aufgreifen, erscheint es uns jedoch möglich, aus der Perspektive der heutigen Kritik und eines neuen Theorieverständnisses die angeschnittenen pädagogischen Fragen jeweils so aufzugreifen, daß das kritische Moment der psychoanalytischen Theorie, das sie immer enthält, zur Geltung kommt. Dabei bringen wir die verschiedenen Beiträge der Psychoanalytischen Pädagogik vielleicht stärker auf einen Nenner, als ihre unterschiedlichen theoretischen und politischen Ansätze es nahelegen. Einige theoretische Ungenauigkeiten, wie sie bei der Vermischung unterschiedlicher Ansätze leicht zustandekommen, sind zugunsten der umgangssprachlichen Verständlichkeit und der Lesbarkeit des Textes undiskutiert geblieben. Dazu gehört auch, daß das Verhältnis psychoanalytische Sozialisationsforschung und psychoanalytische Pädagogik nicht ausführlich diskutiert wird.

Der Begriff Erziehung umfaßt in dem weiten Sinne, in dem er hier gebraucht wird, zum Teil auch das, was heute Gegenstand der Sozialisationsforschung ist. Ich ziehe es vor, durchgängig von Erziehung zu reden, weil eine klare Abgrenzung weder möglich noch zweckmäßig wäre. Vor allem aber deswegen, weil, wie Lucien Sève es formuliert hat, alle Pädagogik eine unlösbare Einheit von Politik und Psychologie ist. Unter diesem Aspekt sind nicht alle pädagogischen Bemühungen im Grenzgebiet zwischen psychoanalytischer Therapie und Pädagogik von gleichem Interesse. Im Anschluß an die Psychoanalytische Pädagogik der 20er und 30er Jahre müßten auch heute vorbeugende Maßnahmen diskutiert werden, die nicht nur den Kindern zugute kommen, die bereits in den Brunnen gefallen sind. Ihre Notwendigkeit zu erkennen und sie durchzusetzen, erfordert ein gesellschaftswissenschaftlich aufgeklärtes Psychoanalyseverständnis und politisches Engagement. Aus dem folgenden soll klar werden, aus welchen gesellschaftlichen und wissenschaftsgeschichtlichen Gründen eine psychoanalytische Pädagogik in diesem Sinne nach dem Krieg in der Bundesrepublik nicht wiedererstehen konnte und warum es notwendig ist, sie wiederaufzugreifen und sie weiterzuentwickeln.

Erster Teil
Zur Geschichte der Psychoanalytischen Pädagogik[2]

Die psychoanalytische Bewegung und die Anfänge der Psychoanalytischen Pädagogik

Freud machte seine grundlegenden Entdeckungen an erwachsenen hysterischen Patienten und Patientinnen, die an »Reminiszenzen« litten, das heißt daran, daß längst vergangene Ereignisse in einer für sie störenden Weise psychisch gegenwärtig blieben. Bei der Suche nach den Ursachen der neurotischen Symptome erwies es sich regelmäßig als notwendig, ihre Ursprünge bis in die frühe Kindheit des Patienten zurückzuverfolgen. Auch bei seiner Deutung von Träumen stieß Freud auf die Tatsache, »daß man (in ihnen) zu seiner Überraschung das Kind mit seinen Impulsen weiterlebend findet.« (Freud, 1900, S. 197). <u>Die Erforschung des Unbewußten wurde gleichzeitig zur Erforschung der Psychologie des Kindes.</u> Freud fiel dabei auf, daß alle neurotischen Störungen mit dem Wirken der Sexualität verbunden sind und erkannte, daß Neurosen ihren Ursprung in frühkindlichen Konflikten haben, in denen die Triebbedürfnisse des Kindes infolge uneinsehbarer und unzumutbarer Versagungen verdrängt wurden. Seine Entdeckung der – bis dahin allseits hartnäckig verleugneten – Sexualität des Kindes, sein Insistieren auf der zentralen Bedeutung der Sexualität für die Entwicklung des Menschen und seine Analyse des Zusammenhangs zwischen der »kulturellen Sexualmoral und der modernen Nervosität« schockierten seine Zeitgenossen. Freud geriet aufgrund seiner wissenschaftlichen Forschungsergebnisse unvermeidlich in einen Konflikt mit der herrschenden viktorianischen Moral und wurde zum scharfen Kritiker der Gesell-

---

2 Ein großer Teil dieses Kapitels ist identisch mit meinem Aufsatz über Psychoanalytische Pädagogik (Füchtner 1978a).

schaft seiner Zeit. Andererseits wurde die Psychoanalyse auf diese Weise vor allem für Angehörige liberal eingestellter Teile der Mittel- und Oberschichten attraktiv, die zwischen humanistischem Radikalismus und konservativ viktorianischen Einstellungen nach einem Ersatz für ihre verlorengegangenen religiösen Gewißheiten suchten. (Fromm, 1961) Wie für den Expressionismus und die pädagogische Bewegung so war auch für die Psychoanalyse das Bürgertum eine »pathogene Gesamtkultur«, die es umzuwandeln und zu überwinden galt (Rehm, 1968, S. 94). Auf diese Weise hatte die Psychoanalyse lange Zeit, bis zum Beginn der zwanziger Jahre, den Charakter einer gesellschaftsreformerischen Bewegung – Erich Fromm spricht von einer »quasi-religiösen Bewegung« – unter der Führung Freuds (Fromm 1961). Aufgrund seiner Erkenntnisse über die Ursachen psychischer Krankheiten wurde er zum Gesellschaftskritiker, der sich die sittliche Befreiung des Menschen zum Ziel setzte. Seine neue Wissenschaft weckte die Hoffnung, daß sich durch eine umfassende Berücksichtigung ihrer Ergebnisse in der Pädagogik neurotische Erkrankungen überhaupt verhindern ließen. Im Selbstverständnis der Psychoanalytiker besaß die Psychoanalyse allerdings keinen weltanschaulichen Charakter. Sie sahen in Freud eine Art Kopernikus, dessen Entdeckungen gegen überholte Auffassungen durchgesetzt werden mußten.

Da die Psychoanalyse in ihren Anfängen Interessenten ganz verschiedener Berufszweige, d.h. auch medizinischen Laien, offenstand, waren es naturgemäß psychoanalytisch ausgebildete Pädagogen, denen die Entwicklung der Psychoanalytischen Pädagogik zu verdanken ist. Zwei Phasen lassen sich relativ deutlich unterscheiden: die Jahre der Grundlegung und der ersten Anwendungen (ca. 1905–1918) und die Blütezeit in den zwanziger und dreißiger Jahren bis 1938.

Die Enstehung der Psychoanalytischen Pädagogik läßt sich schon deswegen nicht genau datieren, da anfänglich therapeutische und pädagogische Bemühungen nicht genau unterschieden wurden. Auch die klassische analytische Therapie des erwachsenen Patienten, die große Analyse, ist nicht frei von pädagogischen Elementen (vgl. Loch, 1974 und Füchtner, 1978b). In der Übertragungsbeziehung der analytischen Situation gewinnt der Analytiker für den Patienten mehr oder weniger ausgeprägt die Bedeutung der verschiedenen Personen, die am Mißlingen der Sozialisationsprozesse seiner Kindheit Anteil hatten. Die Wiederbelebung der frühkindlichen Erlebnisse in der Übertragung wird aber in vom Analytiker bewußt korrigierte Verlaufsformen gebracht. Die psychoanalytische Behandlung läßt sich insofern als eine fortgesetzte Erziehung zur Überwindung von Kindheitsresten beschreiben (Freud, 1910, S. 51). In diesem Sinne sprach Freud mehrfach auch von »Nacherziehung«.

Einen ersten im engeren Sinne pädagogischen, d.h. auf ein Kind gerichteten psychoanalytisch-therapeutischen Erziehungsversuch hat Freud selbst gemacht. In seiner Schrift *»Analyse der Phobie eines fünfjährigen Knaben«* berichtet er, wie er, vermittelt über die psychoanalytisch aufgeklärten Eltern, die Pferdephobie des »kleinen Hans« behandelte. Der erfolgreiche Ausgang dieses Versuchs brachte ihm weniger neue Erkenntnisse, als vielmehr die Bestätigung seiner bis dahin entwickelten Hypothesen über die psychische Entwicklung des Kindes, seine infantile Sexualität und die damit verbundenen »Komplexe«. Insofern kann man die analytische Behandlung des »kleinen Hans« durchaus auch als einen ersten Versuch psychoanalytischer Pädagogik auffassen. Da die Erkrankung des kleinen Patienten sich für Freud sowohl als Folge einer bereits vorhandenen »Disposition«, als auch von »Erleben« erwies, bestätigte sich ihm zwar, »daß die Erziehung des Kindes einen mächtigen Einfluß geltend machen kann«, »aber was die Erziehung anzustreben und wo sie einzugreifen hat«, erschien ihm »durchaus fragwürdig«. (Freud, 1909, S. 376). Die Psychoanalytischen Pädagogen der ersten Generation waren meist weniger zurückhaltend in der Einschätzung ihrer Möglichkeiten als Freud selbst. Ihnen genügte die Gewißheit des wissenschaftlichen Charakters der Psychoanalyse für die Überzeugung, daß der Erfolg der Lehren Freuds in der Pädagogik bereits die Lösung der schwersten Probleme bedeute.

»Eine diesen Lehren entsprechende rationellere Kindererziehung wird einen großen Teil der drückenden psychischen Lasten wegräumen. Und werden auch die Menschen – da sie keine so kolossalen Hindernisse mehr zu überwinden haben – auch keine so intensiven Lustbefriedigungen erleben, so wird ihnen dafür ein ruhigeres, heiteres Dasein zuteil, das bei Tage nicht durch überflüssige Ängstlichkeit, bei Nacht nicht durch Angstträume gequält ist.« (Ferenczi, 1908, S. 17)

Solange die Psychoanalytischen Pädagogen die Erziehung des Kindes mit seiner Befreiung gleichsetzten, stellten sie kaum pädagogische Überlegungen im engeren Sinn an. Erst allmählich wurden Vorstellungen über positiv formulierbare Erziehungsziele entwickelt und genauer zwischen Psychoanalyse und Erziehung unterschieden. Ein früher Versuch, das Verhältnis zwischen Psychoanalyse und Pädagogik kritisch zu klären, stammt von dem Psychoanalytiker Häberlin aus dem Jahre 1914. Er untersucht die Bedeutung der Psychoanalyse für die Erziehung, indem er nach ihren möglichen Funktionen als Forschungsmethode, als zusammenhängendem Komplex von psychologischen Erkenntnissen, Ansichten, Theorien und Voraussetzungen und als therapeutischem Verfahren fragt. Er sieht die Nützlichkeit psychoanalytischer Forschung und Erkenntnisse auf die Lösung von Methodenproblemen der Pädagogik beschränkt und streitet der Psychoanalyse die Berechtigung ab, zu Erziehungszielen Stellung zu nehmen. Andererseits entgeht ihm nicht, daß psychoanalytische Therapie zwar nur psychische Gesundheit zum Ziel hat, aber immer auch ein Stück Erziehung bedeutet.

Die Blütezeit der Psychoanalytischen Pädagogik

Der katastrophale Konflikt zwischen den imperialistischen Großmächten im Ersten Weltkrieg führte in Deutschland und Österreich zum Zusammenbruch der Monarchien, und die damit verbundene Demokratisierung begünstigte die freiere Entfaltung der psychoanalytischen Bewegung. Im geistigen Leben der Nachkriegsjahre gewann die Psychoanalyse zunehmend an Einfluß. Auch unter Erziehern erregte sie immer mehr Interesse. In diesen Jahren entstand die Psychoanalytische Pädagogik als neuer Zweig der Psychoanalyse. Die Blütezeit dieses Teils der Psychoanalytischen Bewegung hat vor allem in der *Zeitschrift für Psychoanalytische Pädagogik* (1926–1937) ihren publizistischen Niederschlag gefunden. Viele der damals entstandenen Beiträge sind noch heute von so großem Interesse, daß sie in Sammelbänden wieder veröffentlicht wurden.[3] Zu den Schwerpunkten des Interesses der Psychoanalytischen Pädagogen gehörten die Sexualität des Kindes und ihre Erziehung, die psychoanalytische Entwicklungspsychologie des Kindes, »Kinderfehler«, Elternfehler, die Kritik der Erzieher und der Erziehungsmittel, die Erziehungsbereiche Familie, Kindergarten und Schule sowie Erziehungsberatung, Delinquenz und Massenpsychologie.

Im Elend der Nachkriegsjahre mit einer großen Zahl von verwahrlosten Kindern machten die Psychoanalytischen Pädagogen sehr vielfältige Erfahrungen mit Erziehung in ganz verschiedenen Institutionen – Familie, Schule, Heime, Horte, Verwahrlostenbetreuung usw. Im Unterschied zu den psychoanalytischen Therapeuten besaß ihr Praxisfeld nicht den privaten Charakter eines Arzt/Patientenverhältnisses, sondern brachte für sie die direkte Auseinandersetzung mit gesellschaftlichen und politischen Problemen mit sich. Die Arbeit mit Heimkindern, Verwahrlosten und allgemein mit proletarischen Kindern schärfte ihre gesellschaftspolitische Wahrnehmung. Die Bedeutung des »sozialen Ortes« für Neurose, Verwahrlosung und Pädagogik zeigte sich vielen von ihnen als unverkennbar (siehe Bernfeld, 1929). Zu einer eingehenderen Berücksichtigung schichtspezifischer Unterschiede in ihrem Praxisbereich waren sie allerdings noch nicht in der Lage.

Bernfeld machte schon 1925 auf die Grenzen der Erziehung aufmerksam und hob die soziale Grenze hervor. In der allgemeinen Diskussion blieb

---

3 Siehe besonders: Bittner, G./Rehm, W. (Hg.), 1966; Cremerius (Hg.), 1971; Meng (Hg.), 1973a und 1973b; Fürstenau (Hg.), 1974.

aber zunächst noch das Kind mit seinem Triebleben, seinen Kinderfehlern und ihrer Therapie der zentrale Aspekt. Nach 1932 setze dann eine kritische Sichtung von Mißverständnissen und übersteigerten Hoffnungen ein. Sie führte zu einer »Revision der Psychoanalytischen Pädagogik«, die 1937 in einem Symposium in Budapest zu diesem Thema ihren Höhepunkt fand. Inzwischen waren zunehmend die Probleme des psychoanalytischen Erziehers in das Blickfeld gerückt. Es zeigte sich, daß Erzieher, die selbst eine Analyse gemacht hatten, häufig den Fehler begingen, ihre Erfahrungen aus der psychoanalytischen Situation auf pädagogische Situationen zu übertragen. Nun wurde davor gewarnt, »vor lauter Verstehenmüssen alles natürliche Benehmen« zu verlieren und es wurde hervorgehoben, wie wichtig Versagungen für die Entwicklung des Kindes sind (Bornstein, 1937). Die pädagogische Zielsetzung verschob sich zunehmend von der Befreiung des Kindes zu einer auf Ich-Stärkung gerichteten positiven Erziehungslehre. Gleichzeitig gewann in der Entwicklung der psychoanalytischen Theorie dieser Zeit die psychoanalytische Ich-Psychologie zunehmend an Bedeutung. Die Frage nach der Entstehungsgeschichte des Ich zeigte die Notwendigkeit, auch dessen früheste Entwicklungsstadien zu untersuchen.

Solange im Selbstverständnis der Psychoanalytischen Pädagogen das Engagement für die Befreiung des Kindes von der Leugnung und Unterdrückung seiner Sexualität, von der Mißachtung seiner affektiven und sozialen Bedürfnisse und seiner Ansprüche auf Selbstverwirklichung ausschlaggebend war, konnten die kritischen Untersuchungen der Beziehungen zwischen der Entwicklung des Kindes und seinen Eltern, den Institutionen Kindergarten, Schule, Kinderheim und dem erziehenden »Milieu« zunächst den Eindruck erwecken, als ließen sich allein aus psychoanalytischen Erkenntnissen heraus Erziehungsziele formulieren. Die Revision der Psychoanalytischen Pädagogik verdeutlichte jedoch, daß Erziehungsziele nicht unabhängig von den gesellschaftlichen Voraussetzungen formuliert werden können. Freud hatte es deutlich genug gesagt: Jede Erziehung ist parteiisch gerichtet und strebt an, »daß sich das Kind der bestimmten Gesellschaftsordnung einordnet, ohne Rücksicht darauf, wie wertvoll oder wie haltbar diese an sich sei« (Freud, 1933, S. 162). Anna Freud ging in ihrer Differenzierung dieser gesellschaftlichen Relativität von Erziehungszielen noch weiter: »Die Erzieher, d.h. diejenige erwachsene Umgebung, der das Kind angehört, will immer das aus ihm machen, was zu ihr paßt, also je nach Zeit, Stand, Klasse, Partei etc. immer etwas anderes« (Freud, A., 1930, S. 27). Bei den meisten Psychoanalytischen Pädagogen finden sich solche Einsichten, die erkennen lassen, daß sie ihr Gebiet als ein komplexes Feld von ineinander verwobenen »psychologischen, psychiatrischen, soziologischen, kulturpolitischen und staatswissenschaftlichen Problemen« wahrnahmen (Aichhorn, 1925). Vom Schweizer Pfarrer Pfister bis zum Kommunisten

Wilhelm Reich waren sie sich ihrer unterschiedlichen Positionen bewußt und ließen die gesellschaftlichen Determinanten ihres Gegenstandes nicht völlig außer acht.

Die Psychoanalytische Pädagogik als fortschrittlichster Zweig der psychoanalytischen Bewegung

Bei einer ganzen Reihe von Psychoanalytikern war die Erkenntnis der politischen Dimension ihrer therapeutischen oder pädagogischen Arbeit mit einem politischen Engagement verbunden, das über die kulturkritischen Positionen der Anfänge der psychoanalytischen Bewegung hinausführte. Allerdings verknüpfte nur eine Minderheit von ihnen den kritischen Ausblick auf die Gesellschaft mit marxistischer Theorie und sozialistischen Zielsetzungen. Ihre Diskussionen über das Verhältnis von Marxismus und Psychoanalyse sind noch heute von großem Interesse, weil sie an grundlegende Probleme rührten, von deren Lösung es abhängt, was eine Psychoanalytische Pädagogik leisten kann.

Die im engeren Sinne politische Dimension dieser Diskussionen kann hier zugunsten der Aspekte vernachlässigt werden, die von prinzipieller Bedeutung für die Psychoanalytische Pädagogik sind. Im Verlauf der Studentenbewegung Ende der sechziger Jahre gewannen diese Diskussionen wieder an Interesse. Seitdem sind auch die Texte der Psychoanalytiker wieder zugänglich, die sich um eine Synthese von Marxismus und Psychoanalyse bemühten. So vor allem die Schriften von Wilhelm Reich, dem Kommunisten, von Otto Fenichel, der in Sachen »Marxistischer Soziologie« zunächst sein Schüler war, sich dann aber von ihm trennte, und von Siegfried Bernfeld, der dem demokratischen Sozialismus österreichischer Provenienz verbunden war. Von Bernfeld stammen die differenziertesten Diskussionsbeiträge. Er erkannte, daß die Psychoanalyse »einen neuen und zwar wissenschaftstheoretisch noch nicht zulänglich erfaßten Typus von Psychologie darstellt« (Bernfeld, 1932; zum folgenden siehe: Dahmer, 1973). Dagegen hielten Reich, Fenichel und andere marxistische Analytiker an dem szientistischen Wissenschaftsverständnis Freuds fest, der die Psychoanalyse immer als Naturwissenschaft und damit als »parteiloses Instrument, wie etwa die Infinitesimalrechnung« verstanden wissen wollte. (Freud, S., 1927, S. 360) Soweit sich die marxistischen Psychoanalytiker hierin im Einklang mit der psychoanalytischen Orthodoxie befanden, standen sie andererseits vor dem Problem, orthodoxen Marxisten gegenüber den naturwissenschaftlichen Charakter der Psychoanalyse bekräftigen zu wollen, gleichzeitig aber zeigen zu müssen, daß sie in eine geschichtsmaterialistische Gesellschaftswissenschaft einbezogen werden kann.

Dieses Problem konnte damals noch keine Lösung finden. Weniger deswegen, weil Freud in seinen kulturtheoretischen Schriften ganz offensichtlich eine Art psychoanalytischer Soziologie entfaltete, die als Konkurrenz zur marxistischen Gesellschaftswissenschaft gesehen wurde, als vielmehr wegen des inneren Widerspruchs der Psychoanalyse, die ihrem naturwissenschaftlichen Selbstverständnis zum Trotz in ihrer Praxis vor allem Interpretation des Sinnes von unbewußten psychischen Vorgängen ist, die nicht gemessen oder beobachtet, sondern vor allem einfühlend verstanden werden. Dementsprechend gab es unter den Psychoanalytikern zwei einander entgegengesetzte Auffassungen von ihrer Praxis:

»Die eine extreme Auffassung vertritt die Meinung: Die psychoanalytische Therapie ist – wie alle Therapie – eine ärztliche Angelegenheit; die Neurose ist eine Erkrankung der menschlichen Seele, die an Schwere und Bedeutsamkeit der körperlichen Erkrankung gleichzusetzen und außerdem auf vielen geheimen Wegen mit ihr verbunden ist; der Laienanalytiker ist einer Diagnosestellung und einer richtigen Einschätzung während der Behandlung interkurrierender körperlicher Krankheiten niemals gewachsen, und seine Neurosentherapie, die nicht auf eine gründliche Kenntnis der gesamten Heilkunde gestützt ist, bedeutet allzuoft eine Gefährdung des Patienten. Im Gegensatz dazu sträubt sich die extreme Auffassung der anderen Seite energisch gegen die Gleichsetzung der Neurose mit den körperlichen Erkrankungen. Sie sieht in der Neurose vor allem eine soziale Erscheinung, ein Sträuben des Individuums gegen die Forderungen der Gesellschaft, die mit den Ansprüchen seines eigenen Trieblebens in Konflikt geraten. Sie sieht nicht ein, inwieweit die Schulung des Analytikers in Anatomie, Physiologie, und Pathologie ihm helfen soll, den Patienten zu veranlassen, sich mit diesen Anforderungen und dem neurotischen Konflikt, der aus ihnen entspringt, in normaler Weise auseinanderzusetzen. Sie meint, daß die Schwierigkeit der Diagnosestellung und Behandlung etwa auftretender körperlicher Komplikationen durch die Zusammenarbeit mit einem Arzt zu lösen ist; und schließlich, daß die Kompetenz des Laienanalytikers groß genug bleibt, auch wenn sie auf der einen Seite bei Übergangszuständen von der neurotischen zur organischen Erkrankung, auf der anderen Seite bei Übergangszuständen von der neurotischen zur psychotischen Erkrankung zu Ende geht«. (Freud, A., 1932, S. 159)

Die Vertreibung der Psychoanalyse durch den Faschismus machte der Diskussion zwischen den Vertretern der ärztlichen und denen der sozialen Auffassung zunächst ein Ende. In ihrer theoretischen Dimension ist sie in Deutschland erst dreißig Jahre später wieder aufgegriffen worden. Freuds Einsicht, daß die psychoanalytische Psychologie des Individuums einen sozialpsychologischen Kern hat, konnte erst viel später theoretisch angemessen verstanden werden. Aber nicht einmal seine allgemeine Erwartung, »das Verhältnis zwischen Erziehung und psychoanalytischer Bemühung werde voraussichtlich in nicht ferner Zeit einer grundlegenden Untersuchung unterzogen werden«, erfüllte sich (Freud, 1925). Die Psychoanalytische Pädagogik gelangte nicht über den Stand hinaus, den Anna Freud 1930 konstatierte:

Eine »auf den analytischen Tatsachen aufgebaute psychoanalytische Pädagogik« gibt es »vorläufig noch nicht. Alles, was wir schon haben, sind einzelne für diese Aufgabe interessierte Erzieherpersonen, die selber eine Analyse durchgemacht haben und jetzt versuchen, das, was sie daraus für das Verständnis ihres eigenen Trieblebens gelernt haben, auch auf die Erziehung der Kinder anzuwenden, mit denen sie sich beschäftigen. Es wird eine Weile dauern, bis der theoretische Aufbau und das praktische Rezept fertiggestellt ist, das man zur allgemeinen Anwendung empfehlen kann«. (Freud, A., 1930, S. 52)

Eine solche, theoretisch fundierte psychoanalytische Pädagogik, wie sie hier für die Zukunft anvisiert wird, gibt es bis heute nicht und kann es nicht geben, solange die Psychoanalyse als naturwissenschaftlich begründete Psychologie verstanden wird. In einem solchen Verständnis wird so getan, als blieben die gesellschaftlichen Determinanten des psychoanalytischen Gegenstandes diesem äußerlich. Deswegen konnten Psychoanalytische Pädagogen dieser Auffassung das Verhältnis zwischen Pädagogik und Psychoanalyse mit dem Verhältnis zwischen Gartenbaukunst und Botanik vergleichen (z.B. Ferenczi, 1908).

Psychoanalytische Kindertherapie und Pädagogik

Die Psychoanalytiker, die zugleich Pädagogen waren, haben auch einen neuen Anwendungs- und Forschungsbereich der Psychoanalyse geschaffen: die Kindertherapie. In ihr ist von den spezifischen Erkenntnissen der Psychoanalytischen Pädagogik als eigenem Zweig der Psychoanalyse am meisten erhalten geblieben. Mit Ausnahme von Melanie Klein haben die Pioniere der Kinderanalyse – Anna Freud, Hermine Hug-Hellmuth, Nelly Wolffheim, Hans Zulliger – dem pädagogischen Engagement des Psychoanalytikers in der Therapie einen festen Platz zuerkannt.

Vor allem der Ausarbeitung der Kinderanalyse durch Anna Freud sind die Einflüsse der Sozialarbeit und Pädagogik der Entstehungszeit anzumerken. Sie begründet die pädagogische Dimension der Kinderanalyse so: Das Kind ist psychisch noch unfertig und nimmt die Therapie nicht freiwillig und an seiner Veränderung interessiert auf. Es kann noch keine rechte Selbständigkeit des kindlichen Über-Ichs vorausgesetzt werden. »Die Arbeit am kindlichen Über-Ich aber ist eine doppelte: Analytisch in der historischen Zerlegung von innen her, soweit das Über-Ich schon Selbständigkeit erlangt hat, aber außerdem erzieherisch beeinflußt von außen her durch Veränderungen im Verhältnis zu den Erzieherpersonen, durch die Schaffung neuer Eindrücke und durch die Revision der Anforderungen, die von der Außenwelt an das Kind gestellt werden« (Freud, A., 1926, S. 96 und S. 72). Der Analytiker, der sich an die Stelle des kindlichen Ichideals setzt, sollte pädagogisch geschult sein. Deswegen kann die Kinderanalyse auch nicht als private Angelegenheit zwischen Analytiker und Patienten verstanden werden. »Beim Kind ragt die Außenwelt als ein zwar für die Analyse unbequemer, aber organisch wichtiger Faktor in seine inneren Verhältnisse herein« (a.a.O., S. 68). Die Auseinandersetzung mit den gesellschaftlichen Determinanten der Erziehung ist notwendig, zumal Kinder auch gegen unzumutbare Forderungen in Schutz genommen werden müssen. Nicht nur das Kind muß sich anpassen, man muß auch versuchen, die Umgebung seinen Bedürfnissen anzupassen. Eine psychoanalytisch aufgeklärte Pädagogik kann krankmachende gesellschaftliche Erziehungsziele erkennen und kritisieren.

Die pädagogische Dimension der Kinderanalyse macht also eine gesellschaftskritische Reflexion notwendig. Die Kindertherapeuten sind dieser Aufgabe jedoch ebenso ausgewichen wie die meisten anderen Psychoanalytiker. Das gilt auch für Anna Freud. Günther Bittner hat an ihren Veröffentlichungen nachgewiesen, wie sie im Verlauf ihrer Entwicklung zwar nicht dazu übergeht, den eben zitierten Sachverhalt zu leugnen, aber daß sie später die pädagogischen Elemente der Therapie nicht mehr als pädagogische reflektieren will (Bittner, 1967, S. 183 ff.).

Psychoanalytische Pädagogik und Massenpsychologie

Ein Gesichtspunkt von besonderer Wichtigkeit ging bei der Entwicklung zur Kindertherapie völlig verloren: das Massenproblem. Die Psychoanalytischen Pädagogen hatten diesen Aspekt ebenso wie die gesellschaftskritische Orientierung bei Freud selber gefunden und aufgegriffen. Im Sinne der Freudschen Hoffnung, die massenhafte Verbreitung psychoanalytischer Einsichten werde die Gefahr neurotischer Erkrankungen mindern, propagierte Ferenczi schon 1908 eine psychoanalytische Massenaufklärung. Freuds Überlegungen, daß es angesichts des »Übermaßes von neurotischem Elend, das es in der Welt gibt« und der Beschränktheit der psychoanalytischen Therapie auf die »wohlhabenden Oberschichten der Gesellschaft« in Zukunft notwendig sein würde, die psychoanalytische Therapie so zu modifizieren, daß sie für die Massenanwendung geeignet ist, wurde von einigen Psychoanalytischen Pädagogen ansatzweise in die Praxis umgesetzt (Freud, 1919, S. 192).

Eine im engeren Sinne massenpsychologische Arbeit leistete vor allem Wilhelm Reich. Im Anschluß an frühe Auffassungen Freuds verkehrte er Freuds Entdeckung, daß keine Neurose ohne Sexualkonflikte zustande kommt, zur These, daß es ohne Störungen der Genitalfunktionen keine Neurosen gebe. Reich schränkte den umfassenderen Freudschen Begriff

»Sexualität« biologistisch ein und sah in der Unterdrückung freier genitaler Sexualbetätigung den zentralen Mechanismus, der in den Individuen die gesellschaftliche Unterdrückung psychisch verankert. Zwischen 1927 und 1937 versuchte er eine sexualpolitische Bewegung zu organisieren, in der Hoffnung, die Befreiung der Arbeiterschaft von ihren Sexualnöten werde zugleich die benötigten Energien zum politischen Kampf gegen die Bourgeoisie freisetzen. Reichs sexualpolitische Arbeit war der KPD, seiner Partei, politisch verdächtig. Sie unterstützte ihn vorübergehend und schloß ihn schließlich aus der Partei aus. Auch für Freud und die Psychoanalytische Vereinigung war Reichs Engagement als »Bolschewist« störend und führte zusammen mit Theoriedivergenzen zu seinem Ausschluß aus der Internationalen Psychoanalytischen Vereinigung. In seinem auf die Mobilisierung der Massen abzielenden sexualpolitischen Kampf steckt die Erkenntnis der Grenzen einer ausschließlich auf Individualtherapie ausgerichteten bürgerlichen Wissenschaft. Der in der Psychoanalytischen Pädagogik zentrale Gedanke der Prophylaxe seelischer Erkrankungen hat bei Reich den politischsten und wirksamsten Versuch seiner praktischen Realisierung gefungen (siehe: Burian, 1972; Dahmer, 1978; Gente, 1971). Reichs *Massenpsychologie des Faschismus* ist ein interessanter Versuch, den Erfolg der Faschisten sozialpsychologisch und sexualpolitisch zu erklären.

Neben der politischen, auf Erwachsene gerichteten massenpsychologischen Arbeit von Wilhelm Reich sind von den massenpsychologischen Überlegungen und Erfahrungen, die in den Bereich der Psychoanalytischen Pädagogik gehören, vor allem die Arbeiten von Bernfeld, Buxbaum und Zulliger wichtig. Die genannten Autoren haben in unterschiedlicher Weise versucht, die massenpsychologischen Arbeiten Freuds für die Schulpraxis fruchtbar zu machen. Besonders Zulliger beschreibt detailliert seine Versuche, eine psychoanalytische Pädagogik als massenpsychologisch begründetes Verfahren zu entwickeln und theoretisch zu begründen. Er gelangt dabei auch zu einer einleuchtenden Abgrenzung der in ihren Zielsetzungen – heilen / erziehen – unterschiedenen Verfahren der psychoanalytischen Pädagogik und der psychoanalytischen Kindertherapie. Im Unterschied zu den therapeutischen Bemühungen, die im wesentlichen auf das einzelne Kind gerichtet und in Zweierbeziehungen organisiert sind, empfiehlt Zulliger den Lehrern, pädagogisch nicht Paarverhältnisse mit den Schülern einzugehen, sondern zu versuchen, aus einer Klasse eine Gemeinschaft zu bilden. Er gibt praktische Ratschläge, wie die Voraussetzungen dafür – Wahl desselben Objekts als gemeinsamem Ichideal und infolgedessen ein hoher Grad von Identifizierung untereinander – geschaffen werden können. In seinem theoretischen Konzept berücksichtigt er nur den zentralen massenpsychologischen Mechanismus, den Freud in *Massenpsychologie und Ich-Analyse* beschrieben hat. Indem der Lehrer durch geeignete Maßnahmen das Objekt zu verkörpern sucht, das dem in die Zukunft projizierten Ideal-Ich der Kinder gleicht, wird er zum Mittler zwischen dem kindlichen Trieb-Ich und dem Ideal-Ich und damit zum Führer der Gemeinschaft (Zulliger, 1936 und 1961). Edith Buxbaum hat demgegenüber darauf hingewiesen, daß eine Masse, die aus Kindern oder Jugendlichen besteht, sich von einer Masse, die sich aus Erwachsenen zusammensetzt, unterscheidet. Sie betonte, daß die Kinder ihre Elternbeziehungen auf den Lehrer übertragen. Die Beziehung zum Lehrer als Führer ist bei Kindern und Jugendlichen durch ein Schwanken zwischen Übertragung und Identifizierung charakterisiert (Buxbaum, 1936).

Die politische Relevanz einer massenpsychologisch begründeten Psychoanalytischen Pädagogik, die sich Neurosenprophylaxe und Gemeinschaftserziehung zum Ziel setzt, hat Bernfeld erläutert. Für eine Pädagogik mit sozialistischen Zielsetzungen ist sie grundlegend, weil sie zeigt, daß die individualistische Erziehung in Paarbeziehungen überwunden werden kann. Letztere ist im Grunde eine spezifisch bürgerliche Erziehung, da sie kleine Gruppen voraussetzt und Kinder aus kinderreichen Familien benachteiligt. Kleine Klassen für alle Schultypen sind zu teuer. Wenn ein Bürgerkind in der Schule nicht mitkommt, wird ihm von seinen Eltern individuelle Erziehung privat bezahlt, das Proletarierkind fällt durch. »Individualisierende Erziehung ist demnach nicht *die* Erziehung, nicht die beste, nicht die einzige Erziehung, sondern ist bloß *die* bürgerliche für die Klasseninteressen der Großbourgeoisie beste und einzige Erziehung« (Bernfeld, 1927, S. 922). Ihr Vorbild ist die familiale Erziehung. Der Erzieher tritt an die Stelle der Eltern. Der »Führer« einer massenpsychologisch begründeten Pädagogik dagegen kann eine sozialistische Massenpädagogik betreiben, deren Vorbild die Partei, die Bewegung und die Massenerscheinungen in der modernen Gesellschaft sind. Bernfeld betont die Bedeutung, die »Führern« – der Begriff müsse allerdings von reaktionärer Mystik und Metaphysik gereinigt werden – in einer sozialistischen Massenpädagogik zukommt. Allerdings blieb auch bei ihm die Psychologie des Führers in der Erziehung unausgearbeitet.

Es ist nicht überraschend, daß nach den politischen Erfahrungen mit dem Führerprinzip im Nationalsozialismus auch linke Pädagogen diese Elemente einer massenpsychologisch politischen Pädagogik nicht wieder aufgegriffen haben. Antiautoritären Erziehern müssen Überlegungen dieser Art suspekt sein. Die Frage, ob eine auf die Massen gerichtete politische Pädagogik möglich ist, wenn die Erzieher sich scheuen, den Kindern als »Führer« Vorbild zu sein, spielt in neueren nicht-direktiven Konzepten der Gruppenpädagogik eine geringe Rolle.

Die Adlerianer

Obwohl die meisten der im engeren Sinne linken Psychoanalytiker sich an der Entwicklung der Psychoanalytischen Pädagogik beteiligten, umfaßte der kleinste gemeinsame politische Nenner der Psychoanalytischen Pädagogen doch ein weites Terrain. Den kommunistischen und sozialistischen Erziehern bot sich als konkurrierende Psychologie die Lehre Alfred Adlers an, von dessen Schülern sich einige besonders intensiv um die Erziehung von Proletarierkindern bemühten. Adler war der erste bedeutende Dissident der Psychoanalytischen Bewegung. Er trennte sich von ihr im Jahre 1911. Trotz der theoretischen Unergiebigkeit seiner unter dem Namen »Individualpsychologie« bekannt gewordenen Lehre hatte Adler einigen Erfolg. Unter anderem deswegen, weil er, im Gegensatz zu Freud, die Bedeutung der Sexualität für die kindliche Entwicklung herunterspielte, das Primat von Milieu und Erziehung über die angeborenen Anlagen betonte und unter dem Eindruck seiner Erlebnisse als Arzt im Ersten Weltkrieg seine therapeutischen Zielsetzungen mit einem sozialen Engagement verband. In seiner Theorie betonte er dementsprechend soziale Komponenten der menschlichen Psyche. So ging er zum Beispiel davon aus, daß der Erwerb des »Gemeinschaftsgefühls« eine ausschlaggebende Bedeutung für die Entwicklung des Kindes habe. Das Streben nach Überlegenheit und Erfolg hielt er für eines der wichtigsten psychologischen Merkmale der menschlichen Natur. Der Ausdruck »Minderwertigkeitskomplex«, der mißlungene Formen dieses Strebens bezeichnet, ist bis heute in der Umgangssprache erhalten geblieben (Adler, 1930).

Von den Pädagogen , die an Adlers Individualpsychologie wegen ihrer politischen Tendenz anknüpften, haben ihn die prominentesten links überholt. Sie begrüßten zwar seine Lehre als den »linkesten Flügel der bürgerlich-kleinbürgerlichen Psychologie«, kritisierten ihn aber zugleich, er habe die Auffassungen von der überragenden Bedeutung der Erziehung extremisiert, so daß einerseits von der »mechanistisch-materialistischen Seite« her betrachtet, »der Mensch nur als Produkt, nicht auch als Produzent« erscheine, was andererseits eine idealistische Überschätzung der Erziehung zur Folge habe, die sich losgelöst von den realen gesellschaftlichen Bedingungen von Erziehung alles zutraut. Der orthodoxe Adlerianismus wurde aus dieser Perspektive sogar als »sozialfaschistisches System« verurteilt (Sperber, 1932, S. 15). Vor allem Otto Rühle und O. F. Kanitz haben sich in ihrer proletarischen Erziehungsarbeit mit Kindern, in der sie die Entwicklung von Klassengefühl und Klassenbewußtsein anstrebten, der Lehre Adlers bedient. Otto Rühle hat dabei versucht, Adlers Thesen vom natürlichen Machtstreben und Gemeinschaftsgefühl in jedem Menschen klassenspezifisch zu differenzieren.

Die marxistischen Adlerianer wurden ihrerseits von kommunistischen Pädagogen wegen ihres scheinrevolutionären pädagogischen Idealismus kritisiert. Ihre wichtigsten Arbeiten sind in den siebziger Jahren wieder zugänglich gemacht worden. Sie sind aber heute nur noch insoweit von Interesse, als sie klassenspezifische Besonderheiten der Sozialisation berücksichtigen, deren Untersuchung auch in unserer Gesellschaft heute notwendig ist. Allerdings sind die theoretischen Konzepte Adlers zu oberflächlich, als daß sie für die Entwicklung einer Psychoanalytischen Pädagogik von Interesse sein könnten. Dieser Umstand hatte schon in den dreißiger Jahren die Diskussion zwischen marxistischen Adlerianern und Freudomarxisten behindert (vgl. auch von Werder, 1975, S. 122ff.).

Die Vertreibung der Psychoanalyse durch den Faschismus und das Verschwinden der Psychoanalytischen Pädagogik

Der Sieg der Faschisten machte nicht nur jeder Art marxistischer Erziehungsarbeit ein Ende, sondern führte auch zur Vertreibung der Psychoanalyse. Die Bemühungen der Psychoanalytischen Vereinigung, durch den Ausschluß ihrer jüdischen Mitglieder und andere Zugeständnisse weitreichender Art sich zu arrangieren, scheiterten. Die überwiegende Mehrheit der Psychoanalytiker emigrierte und unter ihnen die Psychoanalytischen Pädagogen. Der soziale Kontext innerhalb dessen sich die Psychoanalyse in Theorie und Praxis im Exil weiterentwickelte, war ein ganz anderer. In Deutschland arbeiteten die Analytiker in der Regel in privater Praxis ohne engere Verbindungen zu Kliniken und zur allgemeinen Psychiatrie. In den USA dagegen kooperierten die Analytiker mit Psychiatern, klinischen Psychologen und Fürsorgern und waren untereinander besser organisiert. Dementsprechend ergaben sich für sie dort auch andere Beziehungen zum Schulsystem und zum Lehrerberuf (Ekstein/Motto, 1963). Nach 1938 bestand in den USA für Pädagogen keine Möglichkeit mehr, sich zum Analytiker ausbilden zu lassen. Die Verlagerung des Schwergewichts der Psychoanalyse in die anglo-amerikanischen Länder hat ihre Beschränkung auf eine medizinisch orientierte Psychologie begünstigt. Nach der Rückkehr der Psychoanalyse nach Westdeutschland setzte sich auch hier die Professionalisierung der psychoanalytischen Ausbildung im Sinne eines medizinisch begründeten Heilverfahrens durch und besiegelte den Ausschluß der Pädagogen.

Das Verschwinden der Psychoanalytischen Pädagogik kann jedoch nicht nur als Folge der Vertreibung der Psychoanalyse durch den Faschismus erklärt werden. Die Abnahme des Interesses der Psychoanalytiker an pädagogischen Fragen ist auch schon vor 1938 in der Entwicklung der Psychoanalytischen Bewegung selbst angelegt. Der enthusiastische Erziehungsoptimismus der ersten Jahre war enttäuscht worden. Viele glaubten damals, Erziehungsprozesse ließen sich mit Hilfe der Erkenntnisse ihrer Wissenschaft so anleiten, daß infantile Neurosen letztlich überhaupt abgeschafft werden könnten.

Im Zusammenhang mit dem rasch zunehmenden Interesse an der psychoanalytischen Ich-Psychologie und damit an den frühen Entwicklungsstadien des Ich gewann die früheste seelische Entwicklung des Kindes an Interesse. Vor allem die Arbeiten von René Spitz, der grundlegende Untersuchungen zur Säuglingsbeobachtung anstellte, lassen noch den Einfluß des Prophylaxegedankens seiner pädagogisch orientierten Kollegen erkennen. Er fordert die Gesellschaft auf, die Erkenntnisse der Forschung in einer vorbeugenden Sozialpsychiatrie praktisch anzuwenden (Spitz, 1972, S. 310). Insgesamt reduzierte aber die Auseinandersetzung auch mit den schwer zugänglichen frühesten psychischen Entwicklungsstadien des Kindes das pädagogische Interesse zunehmend. Dem pädagogischen Optimismus, der auf eine durch die Trieblehre angeleitete befreiende Erziehung des Kindes baute, folgte ein pädagogischer Pessimismus, der auf der Annahme beruht, daß Neurosen letztlich unvermeidlich seien, daß sie der »Preis der Komplexität der menschlichen Persönlichkeit« seien (Freud, A., 1954, S. 15). Die Psychoanalytische Pädagogik verschwand in Sozialisationsforschung und klinischer Praxis. Nach dem Zweiten Weltkrieg erschienen nur noch vereinzelt pädagogische Publikationen prominenter Psychoanalytischer Pädagogen. Die Zeitschrift *The Psychoanalytic Study of the Child*, die seit 1945 erscheint und als Erbe der *Zeitschrift für Psychoanalytische Pädagogik* angesehen werden kann, berücksichtigte pädagogische Beiträge nur noch in den ersten beiden Nummern in gesonderten Rubriken. Später erschienen nur noch sporadisch einzelne Beiträge. Neben wenigen im engeren Sinne pädagogischen Veröffentlichungen von Pionieren der Psychoanalytischen Pädagogik, wie Anna Freud und Hans Zulliger, sind allerdings auch die Arbeiten von Erikson zu nennen, der das Verhältnis Erziehung und Gesellschaft im interkulturellen Vergleich untersucht hat.

Die Psychoanalyse in der Pädagogik der Gegenwart

Es war schon sehr früh vorhersehbar, was geschehen würde, wenn die Psychoanalytiker die pädagogischen Aspekte ihrer Wissenschaft nicht mehr berücksichtigen: »Wenn wir – die psychoanalytisch orientierten Erzieher – unser Interesse von den allgemeinen Erziehungs- und Unterrichtsfragen abwenden, so werden die Dinge nicht irgendwie zufällig, sondern fraglos stets im Sinne konservativer Tendenzen gestaltet werden« (Peller, 1933,

S. 110). In der Tat, womit Pädagogen in der Gegenwart fast ausschließlich konfrontiert werden, wenn sie sich mit den psychologischen Aspekten ihres Berufes auseinandersetzen, ist wahrhaftig nicht fortschrittlich. Die Pädagogische Psychologie, die das Feld beherrscht, ist ein Zweig der traditionellen klassischen Psychologie und ebenso unkritisch wie diese. Die neuere Pädagogische Psychologie versteht sich als empirische und exakte experimentelle Psychologie. Unter den traditionellen psychologischen Schulen, die sie beeinflussen – Funktionalismus/Strukturalismus/Verhaltenspsychologie/Gestaltpsychologie – dominiert die Verhaltenspsychologie mit ihrer Konzentration auf Reiz-Reaktions-Vorgänge. An die Stelle psychoanalytischen Verstehens unbewußter Vorgänge, von Übertragungen und Gegenübertragung, in denen die Beteiligten mit ihrem individuellen lebensgeschichtlichen Hintergrund berücksichtigt werden, tritt die Zerstückkelung in Vorgänge und Qualitäten, die den Erfordernissen »exakter Wissenschaftlichkeit« angemessen sind. An die Stelle eines kritisch-hermeneutischen Begreifens dessen, was konkrete Individuen in bestimmten Interaktionen bewußt und unbewußt tun, tritt die Beschäftigung mit abstrakten Funktionen, Motivationen, Intelligenz, Kreativität usw., denn das Interesse der pädagogischen Psychologen gilt nicht den Entwicklungs- und Lebensnotwendigkeiten des Kindes oder aller am Lehr-Lern-Prozeß Beteiligter, sondern der »Optimalisierung« des Erziehungsgeschehens (z.B. Correll, 1970).

Die Psychoanalytischen Pädagogen waren von der Frage ausgegangen, was an den überkommenen Formen der pädagogischen Prozesse dem Kinde schadet und zur Kritik an den Erziehungsmitteln, den Institutionen, den Erziehern selbst und schließlich zur Kritik an der Gesellschaft fortgeschritten. Die pädagogischen Psychologen hingegen blenden die Frage nach den gesellschaftlichen Interessen, denen die möglichst reibungslosen Erziehungsprozesse dienen, völlig aus. Viel interessanter erscheint ihnen die Frage, wie die Fähigkeiten test- und meßbar sind. Obwohl unbestreitbar ist, daß wir der Psychoanalyse mehr Erkenntnisse über die kindliche Psyche und über die psychische Dimension von menschlichen Beziehungen verdanken, als jeder anderen Psychologie, kommt sie in der Pädagogischen Psychologie nicht vor.

Das kritische Potential der Psychoanalytischen Pädagogik machte sie aber gegen Ende der sechziger Jahre für fortschrittliche Erzieher wieder interessant, die nach einer Psychologie suchten, die in gesellschaftskritischer Absicht zu benutzen war. Für diese Zwecke war die Literatur über Pädagogische Psychologie, die seit dem Beginn der Expansion des Bildungswesens in der Bundesrepublik anfang der sechziger Jahre den Büchermarkt überschwemmte, nicht zu gebrauchen.

Die gesellschaftliche Situation, in der die Psychoanalytische Pädagogik vorübergehend wiederentdeckt wurde, war allerdings eine ganz andere, als die der Weimarer Republik. Dementsprechend kamen die psychologisch-pädagogischen Einsichten nur in sehr eingeschränkter Weise und in ganz verschiedener Gewichtung zur Geltung. Die Jahre des Wiederaufbaus hatten zu einem Wirtschaftsaufschwung geführt, der eine Anhebung des Lebenstandards weiter Kreise der Bevölkerung ermöglichte. Andererseits war damit eine Integrierung der Gewerkschaften und die Reduzierung des Parteiensystems auf drei Volksparteien verbunden, von denen keine mehr als Arbeiterpartei gelten kann. Die innenpolitische Pazifizierung und der undifferenzierte Antikommunismus dieser Jahre, der die Entwicklung kritischer, besonders marxistischer Theorien verhinderte, eröffneten die politische Perspektive einer »formierten Gesellschaft.« Die Rezession von 1966/67 und die Bildung einer Großen Koalition begünstigten aber die Entstehung einer außerparlamentarischen Opposition, die den Charakter der Herrschaft in dieser Wohlstandsgesellschaft thematisierte. Undogmatische sozialistische Tendenzen gewannen zunehmend an Bedeutung. Die Kritik an der bürgerlichen Gesellschaft wurde insbesondere im Zusammenhang mit ihrer Mitschuld an der imperialistischen Unterdrückung von Befreiungsbewegungen der Dritten Welt sehr heftig. Die prinzipielle Kritik an der spätkapitalistischen Gesellschaft, von deren Vertretern viele nicht der Arbeiterbewegung angehörten, führte auch zu Versuchen, das allgemeine Unbehagen durch Experimente mit neuen Formen des Zusammenlebens zu überwinden, in der Hoffnung, diese könnten zu einem Ferment gesellschaftlicher Veränderung werden. In Anknüpfung an frühere Untersuchungen wurde die Familie wieder als Ort der Einübung von gesellschaftskonformem Verhalten kritisiert.

Das praktische Problem, daß junge Mütter sich an politischen Aktionen (Vietnam-Kongreß Berlin, 1968) beteiligen wollten, aber nicht wußten, wo sie solange ihre Kinder lassen sollten, wurde zu einem der Anstöße der Entwicklung der Kinderladen-Bewegung. Diese war von vornherein stark an den praktischen Bedürfnissen und an theoretischen Vorentscheidungen orientiert. Die Kinderläden sollten einerseits von der Betreuung der Kinder so entlasten, daß für die Mütter mehr gesellschaftliche und politische Gleichberechtigung möglich wurde, und andererseits die Väter sich an der Erziehung gleichberechtigt beteiligen konnten. Die Erziehungsziele ergaben sich weitgehend aus den Einschätzungen, worauf das eigene Leiden an der Gesellschaft in der Kindheit zurückzuführen sei und aus den damit verbundenen politischen Zielsetzungen.

In der antiautoritären Bewegung wurde die Psychoanalyse also von Angehörigen der Mittelklasse aufgegriffen, die nicht nur psychoanalytische Laien waren, sondern auch ohne Verbindung zur Arbeiterbewegung die Tradition marxistischer Pädagogik erst aufarbeiten mußten. Den sozialistischen Tendenzen ihres gesellschaftspolitischen Engagements zum Trotz waren sie hauptsächlich dem Gedanken der Emanzipation des Individuums verpflichtet. Sie griffen bevorzugt Autoren oder auch nur einzelne Arbeiten auf, in denen die Befreiung des Kindes – seiner Sexualität vor allem – im Zusammenhang mit gesellschaftsverändernden politischen Zielsetzungen behandelt wurde. Der spätere pädagogische Pessimismus der Psychoanalytischen Pädagogik und die psychoanalytische Ich-Psychologie wurden nicht zur Kenntnis genommen. Besonderer Beliebtheit erfreute sich bei ihnen Wilhelm Reich, dessen Kampf letztlich auf die Überwindung des »Zwiespalts von Liebe und Glück« gerichtet war und sich so besonders gut zum Vorbild der Erzieher eignete, die sich primär am Glück der Kinder orientieren wollten.[4] Die massenpsychologischen Arbeiten der Psychoanalytischen Pädagogik blieben unbeachtet. Die antiautoritären Erzieher, die sich nicht als Vorbilder oder gar als Führer ihrer Kinder verstehen konnten, sind der Frage ausgewichen, inwieweit eine psychoanalytisch angeleitete Erziehung – sei es in der Familie oder als massenpsychologische Erziehung im Kollektiv- ohne Vorbilder überhaupt denkbar ist.

Neben der Kinderladen-Bewegung, die auf einen kleinen Kreis besonders engagierter Eltern beschränkt geblieben ist, illustrierten jedoch auch der große Publikumserfolg der pädagogischen Veröffentlichung von Neill und das Erscheinen neuer Zeitschriften für Eltern und Berufserzieher, daß die Selbstverständlichkeit der traditionellen Erziehungseinstellung verlorengegangen war. Das Unbehagen an den seelischen Belastungen in der Industriegesellschaft dürfte dabei ebenso eine Rolle gespielt haben, wie die Hoffnung, durch veränderte Erziehungsformen die Kinder für den sich verändernden Arbeitsmarkt psychisch und intellektuell besser zu qualifizieren. Solche Interessen werden heute bereits wieder vorwiegend mit Hilfe pädagogischer Ansätze befriedigt, denen ganz andere psychologische Konzepte zugrundeliegen. Denn psychoanalytische Pädagogik, in welcher Variante auch immer, kann keine handlichen Rezepte geben. Für Erziehungsziele wie abstrakte Leistungsorientiertheit oder intellektuelle Höchstleistungen läßt sie sich nicht umfunktionieren, da sie auch die psychischen Bedürfnisse des Kindes berücksichtigt. Da ihr gesellschaftskritisches Potential immer wieder durchschlagen kann und gerade in neuen Theorien der psychoanalytischen Praxis offensichtlich wird, muß eine konsequent psychoanalytisch angeleitete Pädagogik entweder notwendig auf exotische pädagogische Inseln à la Summerhill beschränkt bleiben, oder ihre Zielsetzungen in einer politischen

---

4 Zu Reich siehe Dahmer, 1973. Zu den Erziehungszielen der antiautoritären Pädagogen siehe ansonsten Seifert 1969a, 1969b, 1973, sowie Dermitzel 1971 und verschiedene Beiträge in Kron 1973.

Bewegung erkämpfen. Leider haben auch die Erben der Kinderladenbewegung das Interesse an der Psychoanalyse verloren oder nehmen sie nur noch als Therapie wahr (siehe: von Werder, 1977). Angesichts des psychischen Elends unter Kindern und des damit verbundenen therapeutischen Aufwands ist es aber nicht ausgeschlossen, daß die Psychoanalytische Pädagogik wegen ihres prophylaktischen Ansatzes eines Tages wiederentdeckt wird.

Diese Möglichkeit wäre allerdings allein noch keine Garantie dafür, daß dabei das gesellschaftspolitische Potential der Psychoanalyse wirklich zur Geltung kommt. Die Verlagerung des Schwerpunkts der psychoanalytischen Theorie von der Trieb-Psychologie zur Ich-Psychologie führte auch in der psychoanalytischen Orthodoxie zu der Tendenz, »auf Kosten der verborgenen Mechanismen des Unbewußten jenen Motivationen sozialer oder kultureller Art, die dem Bewußtsein ohne Umstände zugänglich sind, eine maßgeblichere Rolle als bisher zuzubilligen« (Adorno, zitiert nach Horn, 1971). Mißlingende Sozialisationsprozesse erscheinen vorwiegend als ein Scheitern des Ichs, dem es nicht gelingt, sich den Gegebenheiten der äußeren Realität anzupassen. Es wird vernachlässigt, daß es im menschlichen Sozialisationsprozeß ständig um die Vermittlung von Energetisch-Triebhaftem mit gesellschaftlich vorgegebenem Sinn geht, die auch dann problematisch sein kann, wenn sie symptomfrei verläuft. In dieser Perspektive erscheint »die unbewußte Problematik einzelner« gegenüber der gewaltigen Faktizität gesellschaftlicher Verhältnisse« als das zu vernachlässigende Element (Horn, 1971). Ausgehend von solchen Positionen kann psychoanalytische Pädagogik den Charakter einer Erziehung zu staatstragenden Tugenden erhalten, die als humanistisch deklariert wird und sich Frieden und Freiheit westlicher Definition zum Ziele setzt. Soweit in der Bundesrepublik gegenwärtig ohne Rückgriff auf die Psychoanalytische Pädagogik der 20er und 30er Jahre die Psychoanalyse in pädagogischer Absicht aufgegriffen wird, geschieht dies aber meist doch in kritischer Absicht.

Zweiter Teil
Die wissenschaftlichen Grundlagen der Psychoanalytischen Pädagogik

Die Objektbeziehungen und die psychosexuelle Entwicklung des Kindes

Unsere Darstellung der wissenschaftlichen Grundlagen der Psychoanalytischen Pädagogik kann keine Einführung in die Theorie der Psychoanalyse ersetzen. Wir müssen uns hier darauf beschränken, psychoanalytische Theorieteile hervorzuheben, die von besonderer Bedeutung für die Pädagogik sind. Vor allem ist zu zeigen, welchen pädagogischen Gewinn man aus einer intensiveren Beschäftigung mit der psychoanalytischen Theorie ziehen kann. Dabei werden Erkenntnisse zusammengetragen, die aus psychoanalytischen Arbeiten unterschiedlicher theoretischer Orientierung hervorgegangen sind. Trotz gelegentlicher Ausblicke auf die Psychoanalyse als Interaktionstheorie bleibe ich in meinen Formulierungen im Rahmen der Theorie Freuds. Allerdings werden ihre sozialpsychologischen Elemente besonders hervorgehoben.

Die Beziehung zur Umwelt, die ein Mensch im Verlauf seiner Entwicklung aufzunehmen und zu unterhalten lernt, werden in der psychoanalytischen Terminologie Objektbeziehungen genannt. Objekte in diesem Sinne sind nicht nur ganze Personen oder Dinge, die psychologische Bedeutung bekommen, sondern auch – insbesondere in bezug auf Triebregungen – Partialobjekte. Sie können real oder phantasiert sein.

Für die Mutter beginnt die Beziehung zu ihrem Kind als Beziehung zum eigenen, sich verändernden Körper, aus der sich eine Kommunikation Mutter-Fötus entwickelt, die auch schon für diesen folgenreich ist; es gibt nachweisbar »Erinnerungspuren« vorgeburtlicher Ereignisse. Die körperlichen Vorgänge werden von der Mutter von Phantasien, Hoffnungen und Ängsten begleitet, in denen das Kind für die Mutter ein Teil ihres Selbst ist und psychisch noch lange über die körperliche Trennung in der Entbindung hinaus bleibt.

Das Neugeborene kann zunächst nicht zwischen sich selbst und seiner Mutter unterscheiden. Es ist mit einigen allgemein menschlichen angeborenen Reflexen, biologischen Bedürfnissen und Verhaltensweisen ausgestattet, die allmählich im Wechselspiel mit körperlichen und psychischen Bedürfnissen der Mutter zunächst zu einer Vorstufe der Objektbeziehung führen, auf der aufgrund von Triebregungen das Befriedigung vermittelnde (Partial)-Objekt »geliebt« wird (Freud, A., 1968 und Lorenzer, 1972). Die emotionale Symbiose zwischen der Mutter und dem hilflosen Neugeborenen, in der die psychischen Grenzen unscharf sind, wird erst allmählich durch Abgrenzungsvorgänge aufgelöst. Dabei sind Vorgänge der körperlichen Reifung und der Entwicklung des Zusammenspiels der beiden Beteiligten von Bedeutung. Schon lange bevor der Säugling die Mutter als Person und sich selbst als von ihr unterschieden wahrnehmen kann, werden in ihm »Engramme« von Erlebnissen niedergelegt, die seine Antworten auf die mütterliche Zuwendung in den Grenzen seines gesamten seelischen und körperlichen Selbst widerspiegeln. Erst allmählich im Verlauf der permanent sich wiederholenden Erfahrung, daß dem Bedürfnis, der inneren Spannung, die Befriedigung von außen folgt, und der Erfahrung, wie die mit Hunger, Spannungen und anderer Unlust verbundenen Bedürfnisse befriedigt werden, setzt der Prozeß der Trennung zwischen Ich und Objektwelt ein (Fenichel, 1937). In dem Maße, in dem sich für das Kind über die Mutter die Außenwelt erschließt, entsteht in ihm selbst eine Innenwelt und damit zwischen Mutter und Kind ein Spannungsverhältnis, das die erste Liebesbeziehung oder vielmehr die erste Objektbeziehung im engeren Sinne ermöglicht. Die Sequenz: *Bedürfnis = Hunger → Mutter = Nahrung → Befriedigung* erfährt der Säugling als eine Folge von Unlust und Lusterlebnissen, die die erste und wichtigste Brücke zur Mutter schlagen (Benedek, 1959: Jacobson, 1973). Diese durch die mütterliche Pflege vermittelten Sequenzen von Unlust und Lust erwecken die Sexualität des Kindes. Die Mutter wird »zum ersten Liebesobjekt infolge des Einflusses von Nahrungszufuhr und Körperpflege« (Freud, 1931, S. 521).

Die Mutter-Kind-Dyade ist zwar nicht als symmetrische, aber doch durchaus als Wechselbeziehung zu verstehen. Auch die psychischen und physischen Voraussetzungen und Bedürfnisse der Mutter sind von großer Bedeutung dafür, welche Erfahrungen das Kind macht, was es lernt. Die Art, wie die Mutter auf die Bedürfnisse eingeht, sie versteht und zu unterscheiden weiß – z.B. Bauchschmerzen von Hunger – bestimmt die ersten grundlegenden Erfahrungen des Kindes mit Bedürfnisbefriedigung, Liebe, Einigung, Mißverstehen usw. Nicht ganz ernsthaft, aber nicht zu Unrecht, wurde deshalb behauptet, die Mutterbrust sei das erste Curriculum (Ekstein, 1973, S. 44).

Auch in der ersten kindlichen Liebesbeziehung der Dyade sind Versagungen unvermeidlich. Sie werden im Zusammenhang mit der körperlichen Reifung des Kindes, der Entwicklung seiner Sexualität und seiner Beziehung zur Mutter, zum Motor der weiteren Entwicklung. Allmählich gewinnen auch andere Personen neben der Mutter an Bedeutung für das Kind. Insbesondere der Vater wird wichtig. Seine Funktion ist es, Mutter und Kind voneinander zu trennen, damit das Kind psychosexuell selbständig werden kann. Er repräsentiert in der Familie das nichtmütterliche, männliche Geschlecht.

In der psychosexuellen Entwicklung des Kindes lassen sich einige typische Stadien unterscheiden, in denen nach und nach verschiedene Körperzonen als erogene, d.h. geschlechtlich besonders reizbare, Zonen wichtig werden. Unter dem Aspekt der Objektbeziehungen entsprechen diesen Stadien neue Konstellationen und der Erwerb neuer psychosexueller Fähigkeiten. Folgende Stufen der Entwicklung, die sich überlagern können, werden unterschieden: die orale Phase, die anale Phase, die phallische Phase, die Latenzphase und die Pubertät.

Die ersten drei Entwicklungsstufen verdanken ihre Namen jeweils der Körperzone, die in der libidinösen Entwicklung die größte Bedeutung gewinnt. Jede der Phasen ist durch typische Konflikte charakterisiert und mit der mehr oder weniger geglückten Aneignung von bestimmten psychischen Dispositionen verbunden (Erikson, 1971). In der oralen Phase ist der Mund die führende erogene Zone, d.h. in ihr finden die wesentlichen Lusterlebnisse statt. Je nachdem, ob in der Dyade die Bedürfnisse des Kindes, die durch den Verlust des paradiesischen Idealzustandes im Mutterleib entstehen, so befriedigt werden können, daß die Erregungen ausreichend gemildert werden, und je nachdem, ob die Lusterlebnisse, die die Mutter vermittelt, die dyadische Beziehung fördern, wird es dem Kind möglich sein, eine Art »Urvertrauen« zu entwickeln. Gelingt ihm dies nicht, so lassen sich die Folgen als »Urmißtrauen« charakterisieren.

Indem das Kind im Verlauf der weiteren Entwicklung nach und nach lernt, zwischen Selbst und Außenwelt zu unterscheiden, wird es ihm auch möglich, die Mutter von anderen nicht vertrauten Personen zu unterscheiden (8 Monate-Angst). Im zweiten Lebensjahr sind dann die mit der Ausscheidung verbundenen Vorgänge besonders lustvoll. In der Beziehung zur Mutter gewinnen sie als Möglichkeit, die Exkremente zurückzuhalten, die geforderte Leistung zu verweigern, die Reinlichkeitserziehung zurückzuweisen, große Bedeutung für die Erfahrung eigener Autonomie, aber auch von Scham und Zweifel. In dieser Phase der Objektbeziehung lernt das

Kind, daß Liebe nicht nur Empfangen, sondern auch Geben sein kann (Jacobson, 1973).

Die phallische Phase führt zur libidinösen Besetzung der Geschlechtsorgane. Das Kind nimmt Geschlechterunterschiede wahr und entwickelt gleichgeschlechtliche und gegengeschlechtliche Wünsche. Der Vater gewinnt nun als Rivale hinsichtlich der auf die Mutter gerichteten sexuellen Wünsche und als Repräsentant des männlichen, nicht mütterlichen Geschlechts an zentraler Bedeutung. Er bietet dem Kind die Möglichkeit alternativer Beziehungen. In der ödipalen Konstellation, die damit möglich wird, macht das Kind die wesentlich psychischen Grunderfahrungen, die zum menschlichen Liebesleben gehören. Ihre volle Realisierung wird allerdings erst nach der Geschlechtsreifung in der Pubertät möglich. Im Hinblick auf diese erste Blüte der sexuellen Entwicklung des Kindes vor der Pubertät sprechen die Psychoanalytiker deswegen von einem zweizeitigen Ansatz der menschlichen Sexualität. In der ödipalen Phase können die auf die Eltern gerichteten sexuellen Wünsche schon allein aus Gründen der körperlichen Unreife des Kindes nicht verwirklicht werden. Abgesehen davon dürfen darüberhinaus die Eltern die inzestuösen Wünsche des Kindes nicht befriedigen, weil sie sonst dem Kind nicht Vorbilder reifer Sexualbeziehungen sein können. Das Kind muß in seinen ersten Liebesbeziehungen Triebverzicht lernen. Initiative und Schuldgefühl bezeichnen die Pole der damit verbundenen Gefühlsproblematik.

Im Anschluß an die ödipalen Konflikte folgt in unserer Gesellschaft die Latenzphase als eine Zeit der relativen (sexuellen) Ruhe vor dem Sturm der Pubertät. In der Pubertät bringen die mit den körperlichen Veränderungen der Geschlechtsreifung verbundenen starken Triebregungen die psychische Organisation des Kindes noch einmal in einen Zustand weitgehender Veränderbarkeit. Im Anschluß an die provisorischen Lösungen, die das Kind in seinen ödipalen Konflikten gefunden hat, muß es sich nun psychosexuell von den Eltern lösen und auf die volle Verwirklichung von Geschlechtsbeziehungen gerichtete Beziehungen zu Personen außerhalb der Familie aufnehmen. In diesem Abschied von der Kindheit muß die Identität eines geschlechtsreifen Erwachsenen erworben werden. Dabei leben die mehr oder weniger glücklich gelösten Probleme der früheren Phasen noch einmal mehr oder weniger heftig auf.

Sexualität und Gesellschaft

Wie bereits unser kurzer Überblick über die Entwicklung der Objektbeziehungen erkennen läßt, ist die Sexualität für die Entwicklung des Menschen von zentraler Bedeutung (Freud, 1905). Dies wirkt sich besonders in pädagogischer Hinsicht aus: Im Grunde genommen müßte es ja ganz einfach sein, die Verhaltensweisen und Eigenarten von Kindern zu verstehen, denn jeder war selbst einmal ein Kind. Offensichtlich ist das in der Regel nur beschränkt möglich. Auch dem Erinnerungsvermögen von Menschen, die ansonsten ein sehr gutes Gedächtnis haben, bleiben Ereignisse aus der frühen Kindheit weitgehend unzugänglich. Das liegt weniger daran, daß die psychische Entwicklung des Kindes noch nicht ausreichen würde, um frühe Eindrücke im Gedächtnis festzuhalten, als vielmehr daran, daß unsere ganze psychische und charakterliche Entwicklung untrennbar verschmolzen ist mit unserer sexuellen und – wie wir gleich genauer sehen werden – körperlichen Entwicklung. Eine Wiederbelebung kindlicher Erinnerungen und Wünsche kann deshalb als sehr peinlich empfunden werden. Die »infantile Amnesie« schützt uns davor, behindert aber auch zugleich unser Verständnis für die Kinder.

Freuds Entdeckung, daß eine kindliche Sexualität existiert, wird heute nicht mehr in Frage gestellt, aber meist wird dennoch die zentrale Bedeutung der Sexualität für das menschliche Leben verkannt und Freuds Insistieren auf dieser Tatsache wird als eine private oder durch die Gesellschaft seiner Zeit bedingte Marotte mißverstanden. Allerdings hat, wie wir gesehen haben, der Begriff Sexualität bei Freud einen viel umfassenderen Sinn als in der Umgangssprache, in der er jeweils nur die genitale Sexualität des geschlechtsreifen Menschen bezeichnet. Aber auch wenn man nicht wie Freud unterstellt, daß schon bei Neugeborenen von vornherein aggressive und libidinöse Triebregungen als unterscheidbare vorhanden sind und diese sich vielmehr erst aus einer undifferenzierten Energie heraus entwickeln, läßt sich doch der Einfluß der Mutter auf das Wachstum des Ichs in früher Kindheit am einfachsten mit Hilfe der Triebtheorie verstehen (Jacobson, 1973, S. 48). Dabei sind die sexuellen Triebregungen ausschlaggebend, weil es die sinnlich-lustvollen Erfahrungen des Kindes sind, die die libidinöse Brücke für die Objektbeziehungen schlagen. Die sexuellen Triebregungen werden so zum Motor des kindlichen Seelenlebens. Allerdings muß das Kind neben der Fähigkeit, persönliche Beziehungen in wechselseitiger Anpassung und Verständigung über Bedürfnisse und Wünsche zu unterhalten, auch lernen, sich zu behaupten. Dazu verhelfen ihm seine aggressiven Triebregungen. Die meisten Psychoanalytiker gehen heute davon aus, daß die einfachste Unterscheidung von Triebregungen die zwischen libidinösen und aggressiven ist. Sie treten nie ganz allein, sondern in unterschiedlichen Mischungsverhältnissen auf. In einer vollständigen Beschreibung der Entwicklung der Objektbeziehungen müßte dementsprechend auch jeweils die aggressive Dimension berücksichtigt werden. Und ebenso wie die Sexualität zum Gegenstand gezielter Erziehungsmaßnahmen geworden ist, müßte das Kind auch auf sein aggressives Leben vorbereitet werden. Allerdings ist wie bei der Sexualität auch beim Begriff der Aggressivität zu beachten, daß er bei Freud einen umfangreicheren Sinn hat als in der Umgangssprache. Er bezeichnet nicht nur Handlungen, die eine Zerstörung des Objekts herbeiführen sollen. Es gibt keine Verhaltensweise, auch nicht die Herstellung von Liebesbeziehungen, die völlig ohne Aggressivität zustandekommen könnte.

Die sexuellen Triebregungen entstammen verschiedenen Quellen. Erst in der phallischen Phase werden die Partialtriebe dem Primat der Genitalorgane untergeordnet, wodurch dann im Zusammenhang mit der Geschlechtsreifung in der Pubertät die genitale Sexualorganisation möglich wird, die zu der Art reifer sexueller Beziehungen führt, die zustande kommen muß, damit sich Menschen fortpflanzen können. Die Sexualität ist also von zentraler Bedeutung für das Entstehen eines Menschen. Zum einen deswegen, weil die frühen Objektbeziehungen sexueller Natur sind. Zum anderen, weil beim Menschen die körperliche Konstitution männlich oder weiblich die menschliche, d.h. eben psychologische Konstitution als Mann oder Frau nicht zwingend festlegt. Freud hat als erster die Prozesse erklären können, durch die es möglich wird, daß ein Kind im Verlauf seiner Entwicklung die seinen körperlichen Voraussetzungen entgegengesetzte psychologische Konstitution erwerben kann. Er nannte diesen Vorgang »Inversion«.

Der Ödipuskomplex und der psychoanalytische Familialismus

Der lange Zeit völlig abhängige, hilflose Säugling entwickelt eine libidinöse Beziehung zu dem Menschen, der seine grundlegenden Bedürfnisse in angemessener Weise befriedigt. In der Regel tut dies die leibliche Mutter aufgrund ihrer körperlichen und seelischen Voraussetzungen und Bedürfnisse, deren Bemühungen den Eindruck erwecken, als wolle sie die Trennung im Geburtakt rückgängig machen und die körperliche Symbiose fortsetzen (Bernfeld, 1925, S. 31). Abgesehen von der Möglichkeit, die pränatalen Mutter-Fötus-Beziehungen als Mutter-Kind-Beziehungen fortzusetzen, kann jedoch auch eine andere Person als die leibliche Mutter, die mütterliche Fähigkeiten besitzt, zur Mutter im engeren Sinne werden. Denn für den Säugling wird jene Person zur Mutter und damit zum ersten Liebesobjekt, die die mütterlichen Funktionen erfüllt. Wenn zuviele Personen sich diese Aufgabe teilen, wird die für die weitere Entwicklung zentral wichtige libidinöse Beziehung zu dünn. Oder wenn wir den Sachverhalt formulieren wollen, ohne das energetische Konzept libidinöser Quantität zu benützen: wo zuviele Pflegepersonen den Säugling betreuen, wird es ihm schwerer oder unmöglich, die Vielzahl verschiedener Antworten auf seine Regungen auf einen gemeinsamen Nenner zu bringen, dessen Wahrnehmung ihm allmählich ermöglichen würde, zwischen Ich und Nicht-Ich zu unterscheiden.

Die Trennung der symbiotischen Mutter-Kind-Beziehungen durch eine dritte Person ist notwendig, wenn das Kind psychosexuell selbständig werden können soll. Für das kleine, der Mutter psychisch noch eng verbundene Kind ist der Vater das erste Vorbild einer der Mutter verbundenen, aber autonomen Existenz. Damit ist er auch besonders als Vorbild für den Umgang mit seinen aggressiven Regungen geeignet. Für den Erwerb der sexuellen Konstitution in der ödipalen Phase ist es dann schließlich notwendig, daß das Kind mit dem Vater als Vertreter des nicht-mütterlichen Geschlechts konfrontiert wird, um alternative Beziehungsmöglichkeiten kennenzulernen. Die Trennung der inzestuösen Mutter-Kind-Beziehung bzw. allgemein die Regulierung der Mutter-Kind-Distanz und die Durchsetzung des Inzestverbots in den ödipalen Konflikten, sowie das Repräsentieren alternativer nicht-mütterlicher Beziehungsmöglichkeiten sind direkte väterliche Funktionen. (Die indirekten Funktionen beruhen auf seiner affektiven Bedeutung für die Mutter [Muldworf, 1975]). Die psychosexuellen Beziehungen, die sich in dem Dreieck Vater-Mutter-Kind für das Kind ergeben, konstituieren seinen Ödipuskomplex, das ist:

Die »organisierte Gesamtheit von Liebes- und feindseligen Wünschen, die das Kind seinen Eltern gegenüber empfindet. In seiner sogenannten positiven Form stellt sich der Komplex dar, wie wir ihn aus der Ödipussage kennen: Todeswunsch gegenüber dem Rivalen als Person gleichen Geschlechts und sexueller Wunsch gegenüber der Person des entgegengesetzten Geschlechts. In seiner negativen Form stellt er sich umgekehrt dar: Liebe für den gleichgeschlechtlichen Elternteil und eifersüchtiger Haß für den gegengeschlechtlichen. In Wirklichkeit finden sich beide Formen in unterschiedlichem Grade in dem sogenannten vollständigen Ödipuskomplex«. (Laplanche/Pontalis, 1973, S. 351)

Nicht in allen Gesellschaften werden die väterlichen Funktionen von den leiblichen Vätern übernommen, aber in höher entwickelten Gesellschaften, in denen sehr persönliche und stark individuell gefärbte Beziehungen zustande kommen, ist dies die Regel. Wie im Falle der Mutter, gilt auch für den Vater, daß für das Kind derjenige zum Vater wird, der die väterlichen Funktionen übernimmt. Dies kann nur ein Mann, der, um seine Trennungsfunktion erfüllen zu können, die Mutter des Kindes »lieben« muß, sonst ist er weder als die Dyade auftrennender Dritter präsent, noch braucht das Kind mit ihm zu rivalisieren, die Mutter-Kind-Distanz betrifft ihn dann nicht.

Die psychoanalytischen Entdeckungen der kindlichen Sexualität, ihres zweizeitigen Ansatzes und der Tatsache, daß der Mensch seine psychosexuelle Konstitution im Verlauf seiner Kindheit erwirbt, bedingen, daß die Psychoanalyse die frühen Objektbeziehungen des Kindes immer familialistisch versteht. Mutter im psychoanalytischen Sinne ist die weibliche Pflegeperson, zu der das Kind infolge der Befriedigung seiner Bedürfnisse in eine unverwechselbare libidinöse Wechselbeziehung gerät. Vater im psychoanalytischen Sinne ist die Person nichtmütterlichen, also männlichen Geschlechts, die das Kind braucht, um sich aus der symbiotischen Beziehung zur Mutter lösen zu können, alternative Beziehungsmöglichkeiten kennenzulernen und im Hinblick auf diese sich psychosexuell definieren zu können.

In allen hochentwickelten Gesellschaften sind die leiblichen Eltern Mutter und Vater. Dies bedingt eine Intensivierung der familialistisch-libidinösen Beziehungen. Einerseits deshalb, weil damit die pränatale biologisch-physiologische Mutter-Kind-Symbiose, die für die Mutter auch eine psychologische Dimension hat, in gewisser Weise fortgesetzt wird. Zum anderen hat der leibliche Vater sein sexuelles Interesse an der Mutter bereits bewiesen. Die ödipalen Konflikte gewinnen dadurch an Intensität. Individuell geprägte Beziehungen der Gatten untereinander gehören zu den Voraussetzungen, unter denen Individualität in hochentwickelten Gesellschaften erworben wird.

Wir haben bereits erwähnt, daß zweifellos nicht in allen Gesellschaften die familialen Beziehungen in dieser Weise organisiert sind. Wir kommen gleich noch darauf zurück. An dieser Stelle soll nur festgehalten werden, daß Familie im psychoanalytischen Sinne immer ein libidinös konstituiertes Verhältnis ist. Dies gilt selbst da, wo das Erscheinungsbild der Beziehungen zwischen Eltern und Kindern von Haß und Aggressionen bestimmt ist. Dieser Umstand trägt dazu bei, daß psychoanalytische Beschreibungen der frühkindlichen Objektbeziehungen leicht ideologischen Darstellungen kleinfamilialer Idyllen ähneln. Analog zur Inversion ließe sich jedoch z.B. zeigen, daß Frauen, die Kinder gebären, durchaus Rabenmütter werden können, ohne daß dadurch die psychoanalytische Annahme, daß es sich um Liebesbeziehungen handelt, widerlegt würde. In psychoanalytischer Sicht erscheint deswegen hinter allen Varianten von Familienbeziehungen die Familie als libidinös konstituiertes Verhältnis ödipaler Struktur. Die Schwierigkeit der Psychoanalytiker, dessen reale, gesellschaftlich sehr verschiedenen Varianten zu erfassen, sollen im Zusammenhang mit der Darstellung der Strukturhypothese erklärt werden.

Die Strukturhypothese

Die psychische Entwicklung und Konstitution des einzelnen Menschen wird meist in den Begriffen der sogenannten »Strukturhypothese« ausgedrückt. Diese Hypothese war Freuds letzter Versuch, seine Erkenntnisse über das Seelenleben des Menschen in einem zusammenhängenden theoretischen Konzept zu erklären. Er stellte sich dabei die menschliche Psyche als einen Apparat vor, dessen Zusammensetzung und Wirkungsweise er beschrieb. In diesem Apparat gibt es drei Instanzen: Das Es, das Ich und das Über-Ich (Freud, 1923).

In dieser Vorstellung ist das Psychische, was sich ausgehend von den ersten Wahrnehmungen entwickelt, das Ich. Es ist vom Es, aus dem heraus bzw. mit dem es sich entwickelt, nicht scharf getrennt zu denken. Das Es als Triebpol und Kräftereservoir ist seinerseits als psychische Instanz zum Somatischen hin offen. Auch das Verdrängte ist ein Teil von ihm. Bei den in den ersten Lust- und Unlusterfahrungen sich herausbildenden Wahrnehmungsunterscheidungen von außen und innen bekommt der eigene Körper für den Säugling eine besondere Bedeutung. Nur der Körper kann fühlen und gefühlt werden, d.h. er »ist ein Ort, von dem gleichzeitig äußere und innere Wahrnehmungen ausgehen können« (Freud, 1923, S. 253). Für die Entstehung des Ich und seine Absonderung vom Es bedeutet dies, daß unser Ich anfangs vor allem ein körperliches ist. Die Funktionen, die dem vollentwickelten Ich bei der Vermittlung zwischen dem Es und der Außenwelt einerseits und der Innenwelt andererseits zukommen – die motorische Kontrolle, Wahrnehmungen, Affekte, Denken – sind sehr komplex. Sie werden beim kleinen Kind vom frühen Ich noch sehr primitiv und provisorisch erfüllt.

Das Über-Ich ist die psychische Instanz, die als letzte erworben wird. Sie entsteht im wesentlichen als ein Erbe des Ödipuskomplexes durch die Verinnerlichung der elterlichen Ge- und Verbote. In seiner wichtigsten Funktion ist es das Gewissen. Je nachdem, wie stark die Triebregungen des Kindes waren und wie sie von den Eltern beantwortet bzw. unterdrückt oder geduldet wurden und damit die ödipalen Konflikte mehr oder weniger heftig erlebt wurden, ist das Über-Ich mehr oder weniger ausgeprägt entwickelt. Auch der anatomische Geschlechtsunterschied hat darauf Einfluß. Denn die triangulären ödipalen Konflikte schließen eng an die vorausgehende Mutter-Kind-Dyade an, und nur beim männlichen Kind bekommt die Inzestproblematik ihre volle Bedeutung, da dessen präödipale und ödipale Wünsche sich auf dasselbe Objekt richten und bei ihm kein Objektwechsel notwendig wird. »Die schicksalhafte Beziehung von gleichzeitiger Liebe zu dem einen und Rivalitätshaß gegen den anderen Elternteil stellt sich nur für das männliche Kind her« (Freud, 1931, S. 921). Deswegen kann beim Mädchen auch nicht in Analogie von einem Elektrakomplex gesprochen werden. Beim Knaben führt die libidinöse Besetzung seines Penis, in Verbindung mit seinen auf seine Mutter gerichteten Wünschen, denen der Vater als Rivale im Wege steht, zur Angst vor einer Bedrohung seines lustspendenden Phallus, der seine Wünsche verkörpert. Die vom Knaben phantasierte väterliche Kastrationsdrohung leitet den »Untergang« des Ödipuskomplexes ein. Das Mädchen dagegen nimmt sich erst penislos wahr und wird damit zu seinem ödipalen Objektwechsel getrieben. Da bei ihm die Kastrationsängste fehlen, nimmt Freud an, daß bei ihm die Ausbildung des Über-Ich erheblich erschwert ist.

Die Mechanismen, derer sich das Ich bedient, um zwischen den innerpsychischen Instanzen eine harmonische Balance zu erhalten, die Ansprüche von außen und innen in Einklag zu bringen, d.h. vor allem mit angsterregenden Situationen fertig zu werden und unerwünschte Triebregungen abzuwehren, werden als Abwehrmechanismen bezeichnet. Anna Freud hat eine ganze Reihe solcher Mechanismen beschrieben (1936). Ihre Liste ist allerdings nicht vollständig. Außerdem ist undeutlich, welche dieser Mechanismen nur von psychisch Kranken benutzt werden und welche auch zum normalen Repertoire des Ich im Umgang mit problematischen Anforderungen von außen oder von innen gerechnet werden können. Die Rationalisierung wird z.B. in der Regel nicht den Abwehrmechanismen zugerechnet. Die Intellektualisierung kann dazugehören. Manche Mechanismen wie Projektion und Sublimierung haben Eingang in die Umgangssprache gefunden. Dasselbe gilt auch für Verdrängung und Regression, deren umgangssprachliche Bedeutung sich aber häufig nicht genau mit ihrer psychoanalytischen Bedeutung deckt. Was hauptsächlich den Charakter eines Menschen ausmacht, ist die Wahl seiner bevorzugten Abwehrmechanismen und die Art ihrer Anwendung, um die Ansprüche, die von der Umwelt, dem Es und dem Über-Ich kommen, miteinander zu vereinbaren.

Die Strukturhypothese erfreut sich bei der Rezeption der Psychoanalyse durch psychoanalytische Laien besonderer Beliebtheit. Zum Teil dürfte dies darauf zurückzuführen sein, daß sich viele psychologischen Probleme in ihren Ausdrücken anschaulich als Konflikte im psychischen Apparat des Individuums darstellen lassen. Die drei Instanzen scheinen weitgehend mit dem gleichgesetzt werden zu können, was umgangssprachlich Unbewußtes, Gewissen und Ich heißt. Dabei wird dann allerdings übersehen, daß die Strukturhypothese ein Modell ist, das eine Vorstellung davon gibt, wie die psychischen Vorgänge organisiert sind, dem aber in der Psyche keine realen Entitäten entsprechen. So wie Freud von der Trieblehre, d.h. von der Lehre von den »Kräften, die hinter den Bedürfnisspannungen des Es angenommen werden können«, sagt, sie sei eine »Mythologie«, so könnte man auch vom mythologischen Charakter der Strukturhypothese sprechen, wenn die Instanzen als reale Gegebenheiten aufgefaßt werden.

Soweit die Strukturhypothese in die Umgangssprache Eingang gefunden hat, bezeichnet das Es nicht nur Unbewußtes, sondern auch das Substrat unseres psychischen Lebens, Triebe, Körpervorgänge, somatische Prozesse aller Art. In dieser Auffassung erscheint dann das Es als unsere innere – erste – Natur, das Über-Ich als Verinnerlichung früher gesellschaftlicher Anforderungen und das Ich als vermittelnde Instanz. Demgegenüber läßt sich in neueren theoretischen Konzepten zeigen, daß auch das Es keineswegs als nur ungesellschaftlich naturhaftes Substrat der Psyche aufgefaßt werden darf. Dies ist ohnehin offensichtlich, insofern das Es bei Freud mit dem Verdrängten verschmolzen ist. Soweit in der Strukturhypothese das Es auch das Verdrängte bezeichnet, läßt sich auch in ihrem Rahmen zeigen, daß die psychoanalytische Psychologie des Menschen ihrer naturwissenschaftlich geprägten theoretischen Konzepte zum Trotz immer schon einen sozialpsychologischen und damit gesellschaftswissenschaftlichen Gehalt hat. Ganz offensichtlich ist dies bei der Beschreibung der Entstehung des Über-Ich in den ödipalen Konflikten, wo die Eltern und andere Erzieher als Vorbilder, Helfer, Rivalen und Gegner das Entstehen der neuen Instanz beeinflussen. Freud formuliert diesen Vorgang so:

»Als Niederschlag der langen Kindheitsperiode, während der der werdende Mensch in Abhängigkeit von seinen Eltern lebt, bildet sich in seinem Ich eine besondere Instanz heraus, in der sich dieser elterliche Einfluß fortsetzt. Sie hat den Namen des Überichs erhalten. Insoweit dieses Überich sich vom Ich sondert oder sich ihm entgegenstellt, ist es eine dritte Macht, der das Ich Rechnung tragen muß.« (Freud, 1953, S. 69).

Im selben Sinne spricht Freud in bezug auf das Ich davon, daß sein Charakter »ein Niederschlag der aufgegebenen Objektbeziehungen ist, die Geschichte dieser Objektwahlen enthält« (Freud, 1923, S. 257). Da für deren Zustandekommen libidinöse Triebregungen ausschlaggebend sind, ist es verständlich, daß ein »gewisser Parallelismus, eine bestimmte Entsprechung der Entwicklungsphasen von Ich und Libido« festzustellen ist (Freud 1917, S. 365), d.h. »was wir den ›Charakter‹ eines Menschen heißen, ist zum guten Teil mit dem Material sexueller Erregungen aufgebaut« (Freud, 1905, S. 140).

Die psychoanalytische Psychologie des Individuums ist also keine Psychologie eines Individuums, das sich in Funktion der Reifung seiner körperlichen Anlagen und Eigenschaften entwickeln würde, sondern eines Individuums, das seine Individualität im Sinne einer Grundstruktur möglicher Verhaltensweisen erwirbt. Je nach der Inszenierung der Ereignisse, in denen es sich verhalten muß, wird sein Verhalten verschieden sein. D.h., daß Veränderungen der gesellschaftlichen und institutionellen Voraussetzungen sein Verhalten stark beeinflussen können. Die Frage, welche Voraussetzungen am zweckmäßigsten zu verändern wären, setzt freilich genaue aktuelle und historische Klärungen des Zusammenhangs zwischen gesellschaftlichen Ereignissen und deren psychischen Folgen voraus.

Den Aspekt klassen- und schichtspezifischer Einflüsse auf die charakterliche Entwicklung des Individuums hat Freud durchaus gesehen. Er schildert als Beispiel dafür die unterschiedlichen psychischen Entwicklungen im Zusammenhang mit schichtspezifischen Praktiken der Sexualerziehung, wie sie sich bei zwei Mädchen ergeben könnten, von denen die eine Tochter eines Hausmeisters, die andere die Tochter des Hausherrn ist (Freud, 1917, S. 365 ff.).

Der Prozeß der Individuation ist zugleich ein Vergesellschaftungsprozeß des Individuums. Was es als psychische Ausstattung und Charakter erwirbt, ist das Resultat von zwischenmenschlichen Beziehungen in bestimmten lebensgeschichtlichen Situationen (Szenen), die durch Wiederholung und besondere Bedeutungen folgenreich wurden. Die psychoanalytische Psychologie des Individuums ist also in ihrem Kern als eine sozialpsychologische Psychologie nicht des isolierten Individuums, sondern des Individuums in zwischenmenschlichen Beziehungen zu verstehen, die sich im theaterwissenschaftlichen Sinne einer bestimmten Sequenz von Szenen – als Drama bezeichnen lassen (Politzer, 1928). In diesem Sinne ist die psychoanalytische Psychologie des Individuums schon in den zwanziger Jahren als eine durch naturwissenschaftliche theoretische Konzepte verzerrte sozialpsychologische Theorie des Individuums im Drama verstanden worden. In den Kategorien der Strukturhypothese lassen sich die sozialpsychologischen Elemente aber nur als unterschiedliche Konstellationen und Kräfteverhältnisse der Instanzen untereinander begreifen. Die Begriffe Ich, Es, Überich haben als Konzepte eines abstrakten Modells einen ungesellschaftlichen und unhistorischen Charakter. Darüber hinaus sind sie untrennbar mit ihrer Entstehungsgeschichte in frühkindlichen familialen Beziehungen verknüpft. Die Einflüsse und Veränderungen, denen die Psyche eines Erwachsenen in nicht-familialen Situationen ausgesetzt ist, lassen sich im Rahmen der Strukturhypothese nur unzulänglich begreifen.

Die familialen Beziehungen können also einerseits durchaus »den Anspruch erheben, als soziale Phänomene gewürdigt zu werden« (Freud, 1921, S. 73). Umgekehrt erklärt diese Tatsache, warum wir dazu neigen, alle sozialen Beziehungen familialistisch wahrzunehmen. Die Ursprünge des »sozialen Triebes« müssen in der Familie nachzuweisen sein, und es muß möglich sein zu zeigen, wie die gesamtgesellschaftlichen und klassen- oder schichtspezifischen psychischen Fähigkeiten in der Familie als erster Sozialisationsagentur erworben werden. Daß dies prinzipiell, aber im Rahmen der Strukturhypothese nicht genau genug möglich ist, läßt sich am Beispiel der Frage zeigen, ob der Ödipuskomplex universell ist: Wenn auch heute noch gesellschaftswissenschaftlich aufgeklärte Psychoanalytiker die Universalität des Ödipuskomplexes behaupten, so tun sie es nicht deswegen, weil sie seine von Freud entdeckte Variante für universell halten würden, sondern aus den Gründen, die wir als Folgen der langen kindlichen Abhängigkeit und der Notwendigkeit, seine psychosexuelle Konstitution zu erwerben, beschrieben haben. Universell ist nur, daß jedes Kind, in welcher Gesellschaft auch immer, mit Erwachsenen verschiedenen Geschlechts psychisch in die Dreieckskonstellation geraten muß, ohne die es die eigene sexuelle Identität nicht erlangen kann. Dazu ist nicht unbedingt das Vorhandensein familialer Beziehungen im Sinne der Existenz der Kleinfamilie notwendig.

»Der Ödipus-Komplex läßt sich nicht auf eine reale Situation reduzieren, auf die effektive Einwirkung des Elternpaares auf das Kind. Er bezieht seine Wirksamkeit aus der Einführung der verbietenden Instanz (Verbot des Inzests), die den Zugang zur natürlichen Befriedigung verschließt und den Wunsch und das Gesetz untrennbar verknüpft (diesen Punkt hat J. Lacan hervorgehoben). Dies reduziert die Bedeutung des von Malinowski erhobenen und von der sogenannten kulturalistischen Schule wieder aufgegriffenen Einwandes, wonach bestimmte Zivilisationen, in denen der Vater aller repressiven Funktionen enthoben ist, kein Ödipuskomplex existiert, sondern ein für eine solche soziale Struktur charakteristischer Kernkomplex: tatsächlich sind die Psychoanalytiker bemüht herauszufinden, in welchen sozialen Modalitäten sich die vom Kind konstituierte Dreiecksstruktur, sein natürliches Objekt und der Träger des Gesetzes gliedert. Eine solche strukturelle Konzeption des Ödipus trifft sich mit der These von Levi-Strauss, die aus dem Inszestverbot das universale und minimale Gesetz macht, damit aus Natur Kultur werde«. (Laplanche/Pontalis, 1973, S. 355)

Von einer solchen strukturellen Variante des Ödipuskomplexes wäre also da zu sprechen, wo nicht, wie in unserer Gesellschaft, die leiblichen Eltern die Bezugspersonen des Kindes in seinen ödipalen Konflikten sind. So gibt es z.B. Gesellschaften, in denen der Bruder der Mutter die väterlichen Funktionen übernimmt, und es gibt auch Gesellschaften, in denen überhaupt keine bestimmten Personen, sondern gemeinschaftliche Rituale diese Funktionen erfüllen (Mendel, 1972). Diese Varianten sind nicht gesellschaftsunabhängig beliebig, sondern die psychischen Folgen solcher Konstellationen entsprechen den spezifischen gesellschaftlichen Verhältnissen, in denen sie zustandekommen. In unserem Zusammenhang ist es im Augenblick nur wichtig festzuhalten, daß die strukturellen Varianten ödipaler Konflikte im Rahmen der Strukturhypothese nicht genau diskutiert

werden können. Dies ist auch in bezug auf hochentwickelte Industriegesellschaften von Bedeutung. In diesen entsteht zunehmend der Eindruck,
daß die Väter kaum noch in der Lage sind, ihre väterlichen Funktionen auszuüben, und die Kinder dazu neigen, ödipalen Konflikten in ihrer traditionellen Spielart auszuweichen, sie nicht durchzustehen. Die innerpsychischen Folgen lassen sich als Schwinden des Substrats der psychoanalytischen Begrifflichkeit interpretieren. Herbert Marcuse sprach in diesem
Sinne von einem »Veralten der Psychoanalyse« (Marcuse, 1963).

Diese Grenzen der psychoanalytischen Theorie in ihrer klassischen
Freudschen Formulierung lassen sich überwinden, wenn ihr naturwissen-
schaftliches Selbstverständnis aufgegeben wird und ihr gesellschaftswissen-
schaftlicher Kern zum Ausgangspunkt neuer konsistenter theoretischer
Konzepte gemacht wird. Dabei gewinnt neben den Objektbeziehungen, in
die ein Kleinkind im Verlauf seiner kindlichen Sozialisation eingeführt
wird, vor allem das Erlernen der Sprache an Bedeutung. In unserer Darstellung können wir solche neuen Formulierungen der psychoanalytischen
Theorie allerdings nur am Rande erwähnen, soweit sie für eine Weiterentwicklung der psychoanalytischen Pädagogik von Interesse sind.

Die Ebene des Psychischen und die Realität

Im »sozialen Uterus« der Dyade macht das Kind seine ersten Erfahrungen
mit Objektbeziehungen und es lernt sprechen. Die Einübung in Interaktion
und Sprache in libidinös konstituierten Beziehungen – der Dyade, später
kommen andere Objekte dazu – läßt sich als Psychisierungsprozeß des
Biologischen beschreiben. In den Sequenzen von Bedürfnis, Spannungen
und durch die Mutter vermittelten Entspannungen dürften die ersten Er-
lebnisspuren dadurch zustande kommen, daß nicht jedes Bedürfnis sofort
gestillt wird. »Es ist offenbar das gelegentliche Vermissen eines bedürfnis-
befriedigenden Etwas, was das erste Objekt abgibt« (Fenichel, 1937,
S. 183). Die ersten Spuren von Objektvorstellungen und Bewußtsein entwickeln sich folglich im Hungerzustand, und die ersten Wunschregungen
dürften darauf gerichtet sein, die Situation idealer Befriedigung wiederzu-
erlangen, die im Mutterleib herrschte. Versagungen werden zum Motor der
psychischen Entwicklung. Da der Versuch, auf halluzinatorischem Wege
Befriedigung zu erlangen, scheitern muß, muß der psychische Apparat
dazu übergehen, »die realen Verhältnisse der Außenwelt vorzustellen und
ideale Veränderung anzustreben« (Freud, 1911, S. 231; dazu auch Ferenczi,
1913). Die ersten Befriedigungen am Objekt heben das Objekt selbst wieder auf und stellen den ursprünglichen narzißtischen Zustand wieder her.
Dieser Vorgang wird zum Vorläufer künftiger Objektbeziehungen und

zum Ursprung des ersten primitiven Typs von Identifizierung. Der Prozeß, in dessen Verlauf der Säugling lernt, die äußere Realität wahrzunehmen, ist zugleich der Prozeß, in dem sein Ich entsteht. »Jedenfalls sind die Entstehung des Ichs und Entstehung der Realität identisch. Ein Ich gibt es, insofern es Vorstellungen von Objekten gibt« (Fenichel, 1937, S. 183). Das frühe Ich ist freilich noch ebenso primitiv und bruchstückhaft wie die Vorstellungen, aus denen sich für das Kind das Bild der Realität zusammensetzt.

Diesen Entstehungsprozeß des Ich, der parallel verläuft zur Entstehung dessen, was für das Kind die Realität ist, hat Loewald eingehend diskutiert. Er geht davon aus, daß das Es, das Ich und die Realität allmählich als Folgen von ein und demselben Vorgang aus einer undifferenzierten Einheit heraus entstehen. Im Verlauf der Prozesse, in denen das Kind die Mutter als »Außen« wahrzunehmen beginnt, und zwischen Mutter und Kind ein »Spannungssystem« entsteht, differenzieren sich in ihm Es und Ich aus einer gemeinsamen Matrix heraus. Dies bedeutet, daß anfänglich nicht nur Es und Ich, sondern in ihrem Ursprung auch das Ich und die Realität psychologisch eine Einheit darstellen. Das Ich und die Realität existieren dementsprechend anfänglich nicht unverbunden nebeneinander. Die Vorstellung, das Ich müsse sich zunehmend der Bedrängung von außen durch die Realität erwehren, ist insofern weniger zutreffend als die Vorstellung, daß das Ich die Realität von sich absondert. Die Anstrengungen des Ich – seine »synthetische Funktion« – sind ständig darauf gerichtet, die ursprüngliche Einheit zu erhalten. »Wogegen sich das Ich verteidigt, oder sein psychischer Apparat, ist nicht die Realität, sondern der Verlust der Realität, d.h. der Verlust einer Vereinigung mit der Welt, wie sie in der libidinösen Beziehung zur Mutter besteht, und in die sich der Vater in der Ödipussituation einmischt« (Loewald, 1951, S. 14).

Es gibt also für das Kind eine Realität mütterlicher Art, in die der Vater als ein Vertreter einer anderen Art von Realität eingreift. In letzterem Sinne ist bei Freud der Begriff der bedrohlichen Realität vor allem mit dem Vater verbunden. Jedoch ist er nicht nur eine feindliche Figur, sondern kann auch der Retter sein, der das Kind vor der verschlingenden Mutter schützt, d.h. davor, in der unstrukturierten Einheit, aus der das Ich hervorging, zu verbleiben oder in sie zurückzuversinken. Die Realität gewinnt durch die Vermittlung des Vaters in den ödipalen Konflikten an Objektivität und wird differenzierter. Die Kastrationsdrohung zwingt das Kind zur Ablösung von der Mutter und zur Konstitution von libidinösen Objekten als solchen (Loewald, 1951, S. 16).

Von den Schlüssen, die sich aus diesen Überlegungen ziehen lassen, soll hier nur herausgestellt werden, daß beim kleinen Kind nicht nur Phantasie und Realität noch häufig nicht deutlich auseinandergehalten werden und das eigene Ich mit magischen Eigenschaften ausgestattet zu sein scheint, sondern daß für das Kind die Realität selbst noch eine magische Macht ist. Außerdem werden die pädagogischen Konsequenzen aus der Erkenntnis des engen Zusammenhangs zwischen Ich und Realität zu berücksichtigen sein. Die Entwicklungslinien dieser Vorgänge bis hin zum Erwachsenen-Ich lassen sich nicht kurz und einfach referieren. Wir müssen uns auf einige Aspekte beschränken. Verkürzt läßt sich sagen, daß aus den Erfahrungen des Zusammenhangs zwischen den Körperbedürfnissen und dem libidinös gefärbten Sinn, den sie in den Befriedigungen vermittelnden oder versagenden Objektbeziehungen gewinnen, im Kind Wünsche wach werden. Es kann diese zunächst allerdings nur mit körperlichen »Mitteln« ausdrücken. Die Beziehungen zwischen dem menschlichen Körper und der Objektwelt gewinnen, soweit sie bedeutsam werden, symbolischen Charakter. Unter den »Mitteln«, die dem Kind zur Darstellung seiner Wünsche zur Verfügung stehen, gewinnt sehr bald die Sprache eine überragende Bedeutung. Vermittelt durch die Verständigung mit der sprechenden Mutter geraten bestimmte Lautreihen der lauteproduzierenden Sprachorgane in eine erkennbare Beziehung zu bestimmten Vorgängen und Dingen, und allmählich werden diese Lautreihen sogar mit den Vorgängen und Dingen identifiziert. »Ursprünglich bedeutete das Wort nicht eine Handlung, sondern war die Handlung selbst.« (Spielrein, 1922, S. 357; Ferenczi, 1913)

In der Entwicklung des Kindes, seiner Psyche, seines Ichs, spielt die Körperlichkeit eine zentrale Rolle. Zwischen den Erfahrungen mit dem eigenen Körper und den Lernprozessen, in denen das Kind Sprache und Wissen erwirbt, besteht ein enger Zusammenhang. Die Zunahme von Sprachbeherrschung und Wissen hängt von Triebspannungen im Kinde ab, die Körperfunktionen sind. Das erste Lernen ist deshalb ganz auf den Körper bezogen. Dem Erwerb der Sprache geht das körperlich vermittelte Entdecken und Begreifen der Welt konkreter Gegenstände voraus. Da alles weitere Wissen an das bereits erworbene Wissen anknüpft, muß alles neue Wissen besondere Bezugspunkte zu Körperlichem haben. Deswegen gewinnt in dem Maße, in dem die Außenwelt wahrgenommen wird, alles Erlernte seine Bedeutung in bezug zu verschiedenen Teilen des Körpers, d.h. es repräsentiert zuerst bewußt, später unbewußt, in Analogie Körperteile (Kubie, 1934, S. 443).

Das Kind setzt sich mit seinem Körper im wesentlichen im Zusammenhang mit libidinös konstituierten Objektbeziehungen auseinander und lernt ihn im Zusammenhang mit solchen kennen. Die libidinöse Dimension ist auch für alle weiteren Lernschritte in den komplexen Prozessen des Erlernens von Interaktion und Sprache von zentraler Bedeutung. Auf zwei Konsequenzen dieser Tatsache kann schon hier aufmerksam gemacht werden:

1) wir haben unseren Körper als solchen nicht unmittelbar. Er wird uns über Objektbeziehungen, also gesellschaftlich vermittelt, zugänglich. Das gesellschaftliche Wesen des Menschen drückt sich bis in seinen Körper hinein aus. Psychosomatische Störungen sind eine – schlechte – Bestätigung dieses Tatbestandes.

2) Anknüpfend an seine frühen Lernprozesse, in denen Sprache, Sexualität und Interaktion eng verbunden sind, besetzt der Mensch auch weiterreichende Beziehungen menschlicher, sachlicher und gesellschaftlicher Art in familialistisch-libidinöser Weise. Begriffe wie Alma Mater, Landesvater oder ähnliche, illustrieren diese Familialisierung von Institutionen und Beziehungen.

Der Zusammenhang zwischen Körper, libidinösen Objektbeziehungen und Sprache ist also auch für das Denken folgenreich: »Das Denken ist ein probeweises Handeln mit kleinen Energiemengen, ähnlich wie die Verschiebungen kleiner Figuren auf der Landkarte, ehe der Feldherr seine Truppenmassen in Bewegung setzt« (Freud, 1933, S. 96). Im Gegensatz zu affektentleerter, rein verbaler »Potenz« »ist gesundes, fruchtbares Denken immer gefühlsbetont und mag darum auch oft infolge der mächtigen treibenden Affekte und Wünsche irregehen« (Landauer, 1930, S. 92).

Eine besondere Variante der libidinösen Besetzung zwischenmenschlicher Beziehungen in Anlehnung an die frühkindlichen Erfahrungen sind die Übertragungsvorgänge. In ihnen werden Erfahrungen, Erlebnisse und Verhaltensweisen, Gefühle und Wünsche, die zu den Objektbeziehungen gehören, die für die psychische Entwicklung in der Kindheit ausschlaggebend wurden, in aktuellen Objektbeziehungen schablonenhaft wiederholt. Dieser unbewußt erfolgende Vorgang ist vor allem in der psychoanalytischen Therapie von zentraler Bedeutung, spielt aber auch in pädagogischen Situationen eine große Rolle. Die Erzieher gewinnen dann mehr oder weniger stark die psychische Bedeutung der Eltern oder anderer für die frühe Entwicklung des Kindes wichtiger Personen.

Die für die menschliche Entwicklung charakteristische Psychisierung des Biologischen, im Zusammenhang mit der Einführung in Sprache und Interaktion, führt zu der spezifischen Ebene psychoanalytischer Untersuchungen. Von den psychoanalytischen Begriffen, die diese Ebene des Psychischen besonderes betreffen, haben wir bisher nur Wünsche und Vorstellungen erwähnt. Daneben wären auch vor allem Imagines und Repräsentanzen zu nennen. Imago bezeichnet das unbewußte Vorbild, das sich jemand von anderen Personen macht und das seine Wahrnehmung von anderen bestimmt. Von Repräsentanzen ist jeweils im Zusammenhang mit Triebrepräsentanzen die Rede, d.h. dem psychischen Ausdruck des Triebs. Die Psychoanalyse hat es nirgendwo mit rein biologischen oder andererseits rein intellektuellen Vorgängen zu tun, sondern immer mit psychischen. Diese sind zum großen Teil unbewußt, und in der psychoanalytischen Theorie ist sogar von unbewußten Vorstellungen die Rede. Was in der Psychoanalyse mit unbewußt gemeint ist, muß erst noch geklärt werden.

Das Unbewußte

Der Spracherwerb des Kindes erfolgt in Situationen, in denen im »Wechselspiel von Körperbedürfnissen und Interaktionsangeboten, zwischen kindlicher Natur und Kräften, die durch die Mutter hindurch das reale Wechselverhältnis beeinflussen« (Lorenzer, 1972, S. 49) sich Mutter und Kind auf »bestimmte Interaktionsformen« einigen, die mit Namen versehen werden. Die körperlichen Bedürfnisse mit ihrem libidinösen Gehalt gehen über die Interaktionsformen auch in die Sprache ein, die den Sinn der Einigung zwischen Mutter und Kind festhält. Die Sprache ist für das Kind zunächst Handlung, Körperausdruck und dann die Benennung der Handlung, der Beziehung zur Mutter. Die Sprache verschmilzt auf diese Weise, soweit sie für das Kind Bedeutung gewinnt, mit seiner Körperlichkeit, seinen Triebbedürfnissen und mit der Interaktion, die sie benennt. Von daher ergibt sich beim Kleinkind, daß Realität und Phantasie noch leicht durcheinander gehen, daß es magisch denkt, daß Körpersprache eine noch große Rolle spielt usw. (Umgekehrt erklärt dieser Tatbestand, warum es möglich ist, »daß Worte heilen können«, wenn in der Übertragungssituation der psychoanalytischen Therapie frühkindliche Ereignisse zur Sprache kommen.) Erwachsene täten oft gut daran, diesen Sachverhalt zu beachten. Das bloße Aussprechen von Worten kann auf Kinder einen sehr großen, oft furchterregenden Einfluß haben.

Im Zusammenhang mit den Kräften, die durch die Mutter hindurch die Dyade beeinflussen, ist an die väterlichen Funktionen bzw. an den Vater zu erinnern. Anfangs ist er für das Kind wohl nicht mehr als ein Teil des Mutterbildes. Als störender Dritter und als Rivale ist er aber für das Kind auch schon wichtig, bevor er als Vertreter des männlichen Geschlechts grundlegende Bedeutung gewinnt. Seine Funktion für die Entwicklung des Kindes in der präödipalen Dreiecksbildung läßt sich so zusammenfassen: die Mutter-Kind-Beziehung ist zwar sicherlich die »Matrix der Identitätsbildung«, aber sie hat Lerngrenzen, die das Kind nur mit Hilfe eines Dritten zu übersteigen vermag (Jacobson, 1973, S. 73). Insofern der Dritte dem Kind als die Ursache der zeitweiligen Abwesenheit der Mutter erscheint, diese in Beschlag nimmt oder vertritt, und die Verbundenheit mit der Mutter »stört«, bricht er die Dyade auf und bietet alternative Beziehungsmöglichkeiten an. Das Kind braucht, um ein Bild von sich selbst gewinnen zu können, einen Dritten als Vorbild. Wenn die präödipale Dreiecksbeziehung zustande kommt, wird dem Kind über die bloß sinnlichen Beziehungen der Dyade hinaus auch die Ebene von Bildern und symbolisch Ausgedrücktem, Abstraktem zugänglich und Kommunikation auf Distanz wird möglich (Abelin, 1971, S. 233). Wenn das Mutter und Kind trennende Nein des Vaters vom Kind gelernt worden ist, kann es die Grenzen des Lernens in der Dimension libidinöser Identifikationen überschreiten und gewinnt Zugang zum Bereich symbolvermittelter Geistestätigkeit. In Anlehnung an kulturtheoretische Bemerkungen Freuds über die Vaterschaft könnte von einem »Sieg der Geistigkeit über die Sinnlichkeit« gesprochen werden (Freud, 1937, S. 221). Der Sprachgebrauch des Vaters ist die Bestätigung oder auch Korrektur der Verständigung zwischen Mutter und Kind, die ohne sein Dazwischentreten den Charakter einer folie à deux besitzen könnte. Das Lernen der Muttersprache wird durch die Anerkennung des Vaters zur Einführung des Kindes in die gesellschaftliche Sprachgemeinschaft. Selbst wenn in der ersten Triangulierung der Dritte nicht ohne weiteres nur mit dem Vater gleichgesetzt werden kann, so ergibt sich das für das Kind im Verlauf der weiteren Entwicklung zur zweiten ödipalen Dreieckskonstellation, wo der Dritte in unserer Gesellschaft auf jeden Fall der Vater ist, doch so, als sei er es auch vorher schon gewesen.

Die Prozesse, in denen das Kind sprechen lernt, stehen mit den Körpervorgängen in Beziehung, die in der libidinösen Objektbeziehung bedeutsam werden. Dementsprechend sind sie mit Affekten, d.h. psycho-physiologischen Abfuhrphänomenen verknüpft, die subjektiv psychologisch als Gefühle wahrgenommen werden (Jacobson, 1977). Anders gesagt: die Prozesse, in denen das Kind bestimmte Interaktionsformen übernimmt, die seine Individualität konstituieren, und sprechen lernt, sind zugleich Lernprozesse von Empfindungen und Gefühlen. Soweit die frühen Beziehungen mißlingen, dem Kind Versagungen in unerträglicher Weise zugemutet werden und bestimmte »Gefühlsentbindungen« definitiv an einer bewußten Wiederkehr gehindert werden, sedimentiert sich im Kind Unbewußtes. »Wir bleiben an der Oberfläche, solange wir nur von Erinnerungen und Vorstellungen handeln. Das einzig Wertbare im Seelenleben sind vielmehr die Gefühle: Alle Seelenkräfte sind nur durch ihre Eignung, Gefühle zu erwecken, bedeutsam. Vorstellungen werden nur verdrängt, weil sie an Gefühlsentbindungen geknüpft sind, die nicht zustandekommen sollen; es wäre richtiger zu sagen, diese Verdrängung betreffe die Gefühle, nur sind diese nicht anders als in ihrer Bindung an Vorstellungen faßbar« (Freud, 1907, S. 75). Das Unbewußte als Verdrängtes ist demzufolge das, was in den frühkindlichen Beziehungen an – für das Individuum wichtigen – Beziehungsmöglichkeiten auftaucht, aber als unerwünscht unterdrückt wird. Wenn diese nicht überhaupt aufgegeben bzw. ausgelöscht werden können, müssen sie, da allein schon die bloße Vorstellung bestimmter Verhaltensmöglichkeiten und Wünsche peinlich sein kann, auch aus der Sprache des Individuums verbannt werden. Dies kann so geschehen, daß die Sprachsymbole selbst verbannt werden. Es entstehen dann Sprachlücken, die allerdings wieder ausgefüllt werden, aber da nicht alle Interaktionsformen benannt werden können, entstehen damit Sprachverzerrungen. Eine andere Möglichkeit besteht darin, daß die Symbole völlig von ihrem affektiven Gehalt getrennt werden, so daß sie dem Individuum nur als emotional entleerte Zeichen zur Verfügung stehen. In jedem Fall werden die Sprache des Individuums und die dazugehörigen Handlungsmöglichkeiten voneinander getrennt. Die betreffenden verpönten Interaktionsformen beginnen ein Eigenleben zu führen, das sich der bewußten Kontrolle des Individuums entzieht (Lorenzer, 1970). Selbst wenn man es über diesen Sachverhalt aufklären kann, nützt ihm dies nichts:

»Wenn man einem Patienten eine seiner Zeit von ihm verdrängte Vorstellung, die man erraten hat, mitteilt, so ändert dies zunächst an seinem psychischen Zustand nichts. Es hebt vor allem nicht die Verdrängung auf, macht deren Folgen nicht rückgängig, wie man vielleicht erwarten könnte, weil die früher unbewußte Vorstellung nun bewußt geworden ist. Man wird im Gegenteil zunächst nur eine neuerliche Ablehnung der verdrängten Vorstellung erzielen. Der Patient hat aber jetzt tatsächlich dieselbe Vorstellung in zweifacher Form an verschiedenen Stellen seines seelischen Apparates, erstens hat er die bewußte Erinnerung an die Gehörspur der Vorstellung durch die Mitteilung, zweitens trägt er daneben, wie wir mit Sicherheit wissen, die unbewußte Erinnerung an das Erlebte in der früheren Form in sich. In Wirklichkeit tritt nur eine Aufhebung der Verdrängung nicht eher ein, als bis die unbewußte Vorstellung sich nach Überwindung der Widerstände mit der unbewußten Erinnerungsspur in Verbindung gesetzt hat. Erst durch das Bewußtmachen dieser letzteren selbst wird der Erfolg erreicht.« (Freud, S., 1913b, S. 274ff.)

Dies geschieht in der psychoanalytischen Therapie dadurch, daß in der Übertragungssituation die betreffenden frühkindlichen Konfliktkomplexe, die zur Desymbolisierung führten, in korrigierter Weise wiedererlebt und richtig benannt werden. In der Sprache des Konzepts psychoanalytischer Theorie, auf das wir uns hier beziehen, ist das Unbewußte also das, was sprachlich exkommuniziert (das Verdrängte) oder nie in Sprache aufgenommen wurde (das Es), aber verhaltensbestimmend ist (Lorenzer, 1974).

Das Unbewußte entsteht also als Niederschlag frühkindlicher libidinös konstituierter Objektbeziehungen im Zusammenhang mit der Einführung in Sprache. Damit wird leicht verständlich, inwiefern das Unbewußte »das Infantile« ist und daß seine Inhalte Triebrepräsentanzen sind, und zwar insbesondere des Sexualtriebs. Dementsprechend ähneln einige der Eigenschaften des Unbewußten denen des psychischen Lebens kleiner Kinder.

Im Unbewußten ist die psychische Realität ausschlaggebend. Das in ihm herrschende Lustprinzip leugnet die Realität, Worte werden von ihm wie Dinge behandelt, es ist zeitlos und kennt keine Widersprüche und keine Negation.

Das Unbewußte kann also auf einer Schnittlinie von Sprache und Sexualität im Infantilen lokalisiert werden, es ist im wesentlichen das Resultat eines Desymbolisierungsprozesses in Konflikten frühkindlicher Objektbeziehungen. Die oben erwähnten Abwehrmechanismen und ihre Folgen lassen sich auch als spezifische Formen der Sprachzerstörung nachweisen. Die Kenntnis solcher Mechanismen ist für Pädagogen sehr nützlich, weil sie die Wahrnehmung und Einschätzung alltäglicher Verhaltensweisen erleichtert und weil sie auch zum Verständnis von Gruppenprozessen beiträgt.

Der enge Zusammenhang zwischen Körper, Sexualität und Sprache in der psychischen Entwicklung des Menschen macht verständlich, warum therapeutische und pädagogische Bemühungen bei Kindern (nicht nur bei ihnen) von verschiedenen Seiten her erfolgreich einsetzen können. So z.B. in Form von Gymnastik und Tanz, aber auch über akustische Reize (Musik) und Spiele. Im Hinblick auf die zahlreichen sozio-linguistischen Untersuchungen über schichtenspezifische Unterschiede im Sprachverhalten der Menschen läßt sich vermuten, daß die Psychoanalyse aufgrund ihrer Erkenntnisse über den Zusammenhang zwischen Psyche und Sprache auch imstande wäre, wissenschaftlich nachzuweisen, was Horkheimer über den Zusammenhang zwischen dem menschlichen Charakter und den Herrschaftsverhältnissen gesagt hat: »Nicht bloß im Geiste, in den Vorstellungen, grundlegenden Begriffen und Urteilen, sondern auch im Herzen des Einzelnen, in seinen Vorlieben und Wünschen spiegelt sich die Klassenordnung wider, in der sein äußeres Schicksal verläuft« (Horkheimer, 1936, S. 300).

Die Versagungen, die ein Kind im Laufe seiner Entwicklung hinnehmen muß, sind unterschiedlich je nach dem sozialen Ort, an dem es aufwächst. Ob sie zumutbar sind oder nicht, hängt wesentlich davon ab, ob sie einen für das Kind akzeptablen Sinn haben können. »Die Eltern müssen nicht nur das Kind durch gewisse Verbote und Erlaubnisse lenken können; sie müssen auch imstande sein, in dem Kinde eine tiefe, fast körperliche Überzeugung zu wecken, daß das, was sie tun, sinnvoll ist. Letzen Endes werden Kinder nicht durch zuviel Versagungen neurotisch, sondern durch den Mangel oder Verlust der sozietären Bedeutung dieser Versagungen.« (Erikson, 1965, S. 243).

Psychoanalytische und soziologische Erklärungen

Psychoanalytische Erklärungen beziehen sich auf die Ebene des Psychischen und nicht auf die soziologische oder andere Ebenen. Diese Tatsache mag selbstverständlich klingen, wird aber häufig nicht beachtet. Am Beispiel der Frage, ob der Ödipuskomplex universell ist, haben wir bereits gesehen, daß der Unterschied zwischen den realen Voraussetzungen und dem, was das Kind als Situation psychisch konstituiert, beachtet werden muß. Beide Ebenen werden sehr häufig nicht deutlich genug unterschieden. Freud selbst hat den Unterschied nicht richtig sehen können. Er personalisierte das gesellschaftliche Ganze und faßte auch die gesellschaftlichen Beziehungen nur als Beziehungen zwischen Personen auf (Schülein, 1975). Gesellschaft ist aber nicht bloß die Summe der zwischenmenschlichen Beziehungen, die sich in ihr abspielen. Ihre Gesetzmäßigkeiten sind nicht psychologischer, sondern gesellschaftlicher Art. Noch heute erklären Psychoanalytiker gerne soziologische Fragen auf ihrer psychoanalytischen Ebene und leisten auf diese Weise ideologischem Mißbrauch ihrer Erklärungen Vorschub. Umgekehrt berücksichtigen Soziologen oft nicht, daß die psychologischen Folgen gesellschaftlicher Veränderungen sich aus diesen allein nicht ablesen lassen, und nicht unmittelbar von diesen determiniert werden. Wie wichtig es ist, den Unterschied zwischen beiden Ebenen zu beachten, läßt sich noch einmal am Beispiel der Familie zeigen. Selbst in der auf Vater, Mutter und Kind geschrumpften Familie sind die psychologisch relevanten Beziehungen sehr vielseitig.

»Jeder Austausch zwischen Eltern und Kind wird durch die vergangene Beziehung des betreffenden Elternteils zu seinen eigenen Eltern beeinflußt. Wenn ein Kind die präödipale Phase erreicht, ist seine Identifizierung mit dem gleichgeschlechtlichen Elternteil nicht nur durch die Geschichte dieser Beziehung bestimmt, sondern auch durch die mit einverleibte Geschichte der Austauschhandlungen mit dem Elternteil des anderen Geschlechts. (Da der wechselweise Austausch der Eltern unter sich und namentlich mit ihren Kindern von der Entwicklung eines jeden beeinflußt ist, wird die einfachste Familiendreiheit zu Beginn der analen Entwicklungsphase und sicherlich in der präödipalen Phase von zwölf Quellen wechselseitiger Antriebe beeinflußt.)« (Benedek, 1960, S. 54)

Die psychologischen Familienbeziehungen decken sich mit den soziologischen nicht. Bestimmte Familienangehörige, zu denen das Kind nie Kontakt hat oder die sogar schon tot sind, können sehr wohl zu der psychologischen Familie gehören, die für die Entwicklung des Kindes ausschlaggebend ist. Der Analytiker wird sich dementsprechend bei der Analyse des Ödipuskomplexes eines Patienten weniger mit den realen Familienverhältnissen beschäftigen, von denen ihm der Analysand berichtet, als vielmehr mit den phantasierten des »Familienromans«. Dieser Tatbestand erklärt zum Teil auch, warum bestimmte psychologische Phänomene, so vor allem die tiefere psychische Struktur der Menschen, viel weniger variabel sind, als entsprechend den sehr verschiedenen Voraussetzungen in verschiedenen Gesellschaften zu erwarten wäre. Der Unterschied zwischen den genannten Ebenen ist auch noch hinsichtlich eines anderen Aspektes sehr wichtig: was sich soziologisch als eine Beziehung von einer Person zu einer anderen darstellt, kann psychologisch in Wirklichkeit die Beziehung einer Person zu sich selbst sein. Diese »Objektbeziehungen«, bei denen man im anderen etwas schätzt oder ablehnt, was psychologisch Teil der eigenen Person ist, werden narzißtische Objektbeziehungen genannt. Von Soziologen wird die Ebene der Psychoanalyse häufig nicht als eine relativ eigenständige (nicht unabhängige) wahrgenommen. So wird häufig von gesellschaftlichen Konstellationen oder Trends auf die psychologischen Folgen geschlossen, ohne daß die Eigengesetzlichkeit der psychologischen Tatbestände zur Geltung käme. So wurde oder wird z.B. die Abschaffung der Familie oder der Kindheit propagiert, weil die soziologischen Untersuchungen ihrer Ursprünge oder Verfallsgeschichte ihre soziologische Aufhebbarkeit nahelegen. Was dazu psychologisch zu sagen wäre, interessiert offensichtlich weniger. Am Beispiel der Entwicklung der Familienbeziehungen in israelischen Kibbutzim ließe sich dagegen z.B. zeigen, wie die Auflösung der Familie als ökonomischer Einheit mit ihrer Stärkung und Intensivierung als psychologischem Verhältnis einhergehen kann.

Dritter Teil
Probleme der psychoanalytischen Pädagogik

Trieberziehung und Ich-Pädagogik

Was wir der Psychoanalytischen Pädagogik an Erkenntnissen verdanken, läßt sich nicht leicht zusammenfassend darstellen, da sie zu keiner Zeit eine von der übrigen Psychoanalyse deutlich abgegrenzte Wissenschaft oder Bewegung war. Anfänglich wurde die psychoanalytische Therapie des Erwachsenen zu weitgehend als Nacherziehung aufgefaßt, als daß eine Abgrenzung von pädagogischen Verfahren nahegelegen hätte. Im Hinblick auf die Kinderanalyse waren sich überdies fast alle Kinderanalytiker einig, daß in ihr pädagogische und therapeutische Elemente nicht auseinanderdividiert werden können. Für eine theoretische Klärung waren die Diskussionen über den wissenschaftstheoretischen Status der Psychoanalyse in der Blütezeit der Psychoanalytischen Pädagogik noch nicht weit genug fortgeschritten. Das Verhältnis psychoanalytische Therapie/Psychoanalytische Pädagogik blieb ungeklärt. Das dominierende, rein naturwissenschaftliche Selbstverständnis der Psychoanalyse führte im Zusammenhang mit dem Verschwinden der Psychoanalytischen Pädagogik schließlich dazu, daß auch oft die pädagogischen Elemente der psychoanalytischen Therapie gar nicht mehr als solche wahrgenommen wurden.

Viele grundlegende Erkenntnisse der Psychoanalytischen Pädagogik entstammen also dem Grenzgebiet zwischen Kindertherapie und Kinderanalyse oder haben dort ihre Bestätigung gefunden. Die spezifischen Einsichten der Psychoanalytischen Pädagogik lassen sich jedoch leichter zusammenfassen, wenn wir die wichtigsten psychoanalytischen Erkenntnisse und die dazugehörigen Theoriestücke unter dem Aspekt betrachten, welche pädagogischen Konsequenzen aus ihnen gezogen wurden. Dabei gerät noch einmal ins Blickfeld, was Bernfeld als die Grenzen der Erziehung analysiert hat – die soziale Grenze, die Grenze, die durch die seelischen Tatsachen im Erzieher gegeben ist, die Erziehbarkeit des Kindes – und wie diese sich in den pädagogisch besonders wichtigen Institutionen Familie und Schule aufzeigen lassen. Dabei wird dann auch die vierte Grenze der Erziehung, von der Bernfeld spricht, zu berücksichtigen sein: die Befangenheit in einer individualistisch konzipierten Pädagogik und demzufolge die Unterschätzung der Bedeutung »kollektiver Erziehungseinrichtungen« und »rationalisierter Erziehungsmaßnahmen« (Bernfeld, 1925).

Der Ausgangspunkt der Psychoanalytischen Pädagogik waren die Entdeckungen Freuds über das kindliche Seelenleben, die er bei der Behandlung psychisch kranker Erwachsener und – ausnahmsweise – kranker Kinder machte. Seine Erklärungen der Genese von psychischen Krankheiten durch das Zusammentreffen von »Disposition und Erleben« verwiesen von vornherein auf die psychischen Kosten von Erziehungsprozessen. »Die Erziehung hat sich bisher immer nur die Beherrschung, oft richtiger Unterdrückung der Triebe zur Aufgabe gestellt (. . .) Man fragte auch nicht danach, auf welchem Wege und mit welchen Opfern die Unterdrückung der unbequemen Triebe erreicht wurde« (Freud, S., 1909, S. 376). Im Licht der Erkenntnisse über das kindliche Triebleben, über kindliche Bedürfnisse und unzumutbare Versagungen wurde deutlich, daß das Kind in der Eigenständigkeit seiner Entwicklung respektiert werden muß. Gegen das Erziehungsziel des braven Kindes muß aus psychoanalytischer Sicht darauf verwiesen werden, daß das Kind nicht als unbearbeiteter, beliebig formbarer Rohstoff angesehen werden kann, daß die psychische Entwicklung des Kindes den pädagogischen Bemühungen Grenzen setzt, die aber andererseits nicht unabhängig von den gesellschaftlichen Voraussetzungen sind, innerhalb derer die Erziehung erfolgt. »Die Untersuchung verschiedener Völker zeigt, daß es kaum eine Erziehungsmethode geben kann, die nicht möglich wäre. Von der denkbar größten Freiheit bis zur grausamsten Tyrannei ist alles schon dagewesen und von Kindern ertragen worden. Die einzelnen Kulturen sind es, die kein beliebiges Erziehungssystem vertragen. Es gibt keine absolute Pädagogik, keine absolute seelische Hygiene.« (Balint, 1937)

Der Zusammenhang zwischen den Anforderungen einer bestimmten Kultur, ihrem Erziehungssystem und den psychischen Kosten wäre jeweils zu untersuchen, um genauere Angaben machen zu können, welche Erziehungspraktiken unter den jeweils gegebenen Voraussetzungen psychisch schädlich sein können. Der pädagogische Optimismus der Anfänge der Psychoanalytischen Pädagogik war angesichts der Diskrepanz zwischen den psychoanalytischen Entdeckungen über die Psychologie des Kindes und den Zumutungen traditioneller bürgerlicher Pädagogik verständlich. Andererseits waren die Hoffnungen damals zu hochfliegend. Jedoch ist rückblickend gar nicht so klar, inwieweit die Psychoanalytischen Pädagogen Erfolg oder Mißerfolg hatten. Falsch war sicher die Annahme, es ließen sich durch pädagogisch-prophylaktische Maßnahmen Neurosen überhaupt verhindern und man könnte dafür ein »praktisches Rezept« entwickeln, »das man zur allgemeinen Anwendung empfehlen kann« (Freud, A., 1930, S. 52). Die Frage wie Kinder erzieherisch beeinflußbar sind, ist aber gar nicht eingehend untersucht worden. Das Erziehungsexperiment des Kinderheimlaboratoriums von Vera Schmidt in Moskau Anfang der zwanziger Jahre ist ein Einzelfall (Schmidt, 1923). Der pädagogische Pessimismus, den Anna Freud 1954 konstatiert, beruht weniger auf Erfahrungen aus der pädagogischen Praxis, als darauf, daß in der klinischen Praxis bei der Therapie von Individuen jeweils konstitutionelle pathogene Faktoren erkennbar wurden, die alle pädagogischen Bemühungen um die psychische Gesundheit solcher Kinder aussichtslos erscheinen ließen. Aufgrund solcher Erfahrungen bezeichnete Anna Freud neurotische Konflikte als den Preis, den die Menschen für die Komplexität ihrer Persönlichkeit zahlen müssen (Freud 1954, S. 15).

Die Berichte von großen Psychoanalytischen Pädagogen wie Aichhorn, Bernfeld, Zulliger und anderen über ihre Arbeit lassen einen generellen pädagogischen Pessimismus aber eher unbegründet erscheinen. Die Überbetonung des Faktors »Disposition« und die Vernachlässigung des Faktors »Erleben« bei Anna Freud ist mehr als eine notwendige Korrektur der anfänglichen Überschätzung der Möglichkeiten psychoanalytisch-pädagogischer Massenprophylaxe. Wenn man unterstellen wollte, daß eine konstitutionelle Disposition unter allen Umständen eine psychische Erkrankung zur Folge haben muß, wäre nicht mehr erklärbar, warum dann die Nacherziehung durch eine Psychotherapie dauerhaften Erfolg haben kann. Dagegen leuchtet ein, daß besondere psychische Belastungen leicht folgenreich werden, wo ihnen die körperlich-physiologische Disposition Ansatzpunkte bietet. Zu untersuchen wäre vor allem, welche Erlebnisse für die Erkrankungen jeweils ausschlaggebend wurden. Angesichts der Tatsache, daß heute die Ursprünge psychischer Erkrankungen in immer früheren Lebensphasen gefunden werden, wäre auch zu klären, inwieweit jeweils frühkindliche Ereignisse erst aufgrund späterer Erlebnisse problematisiert werden. Freud hat auf die Bedeutung nachträglicher Erlebnisse für die Frage, ob frühere Erlebnisse pathogene Folgen bekommen, in mehreren Zusammenhängen aufmerksam gemacht. »Nachträglichkeit« ist ein »von Freud in Verbindung mit seiner Konzeption der Zeitlichkeit und der psychischen Kausalität häufig verwendeter Ausdruck: Erfahrungen, Eindrücke, Erinnerungsspuren werden aufgrund neuer Erfahrungen und dem Erreichen einer anderen Entwicklungsstufe umgearbeitet. Sie erhalten somit einen neuen Sinn und eine neue psychische Wirksamkeit.« (Laplanche/Pontalis, 1973, S. 313)

Hermine Hug-Hellmuth hat schon früh darauf aufmerksam gemacht, daß die Berücksichtigung dieses Gesichtspunkts eine weitere Erklärung dafür liefert, warum die frühesten Kindheitserlebnisse, die bei allen Menschen sehr ähnlich sind, besonders innerhalb derselben Kultur bei manchen die Grundlage zu späteren neurotischen Erkrankungen legen, bei anderen nicht (Hug-Hellmuth, 1921, S. 296). Die Klärung solcher Fragen kann erst von einer künftigen psychoanalytischen Pädagogik und Sozialisationsforschung erwartet werden, die gesellschaftswissenschaftlich aufgeklärt ist und auch kollektiven Erziehungsprozessen ihre Aufmerksamkeit schenkt. Generelle Einsichten über Regelmäßigkeiten des Zusammenhangs zwischen Gesellschaft, Erziehung und deren psychische Folgen setzen eine gesellschaftswissenschaftliche und historische Orientierung der psychoanalytischen Sozialisationsforschung voraus, die über Individuelles hinaus zur Untersuchung von Strukturen des Verhaltens und der Gesellschaft führt. In bezug auf einzelne Individuen kann auch psychoanalytische Pädagogik keine Prognosen erstellen, welche Erziehungsmaßnahmen welche Folgen bewirken, da die psychische Verarbeitung äußerer Realität sehr unterschiedlich erfolgen kann. Die Grunderkenntnisse der bisherigen Psychoanalytischen Pädagogik stammen aber fast ausschließlich aus der Auseinandersetzung mit dem einzelnen Kind in unserer Gesellschaft. Allgemeine Rezepte, die daraus abgeleitet wurden, bleiben dabei unvermeidlich abstrakt.

Aufgrund der psychoanalytischen Erkenntnisse über das kindliche Triebleben, über die Bedeutung der Sexualität und der unvermeidlichen Versagungen für die psychische Entwicklung des Kindes war den psychoanalytischen Pädagogen deutlich, daß alle Erziehungsmaßnahmen für die Lust-Unlustbalance des Kindes von Bedeutung sind. Die Perspektive, in der Erziehung als ein Prozeß erscheint, in dessen Verlauf das Triebwesen Kind systematisch dazu angehalten wird, sein Verhalten nach dem Lustprinzip zum Verhalten nach dem Realitätsprinzip zu ändern, um »gesellschaftsfähig« zu werden, wurde für das Selbstverständnis der psychoanalytischen Pädagogen zunächst ausschlaggebend: das Kind, das in die schöne Flamme faßt und sich die Finger verbrennt, lernt durch probehandelndes Vorwegdenken der Folgen seines Tuns, solche unangenehmen Erfahrungen zu vermeiden. Es lernt auf die augenblickliche Befriedigung von Lust zu verzichten, um Unlust zu vermeiden, oder auch um eine spätere, höhere Lust zu erlangen. »Die Erziehung ahmt das nach. Sie setzt künstliche Erfahrungen solcher Art. Sie ist unterstrichenes Realitätsprinzip. Sie kann gar nichts anderes, als vom Kinde mit Lust angestrebte Ziele mit Unlusterfahrungen verlöten oder auf die Ausführung gewisser unlustvoller Handlungen eine Lustprämie zu setzen.« (Fenichel, 1935, S. 125)

Der Terminus Erziehung wird allerdings nicht immer in diesem eingeschränkten Sinne verwendet. Er umfaßt im weiteren Sinne pädagogische Elemente und Elemente psychoanalytischer Sozialisationstheorie. Die Grenzen zwischen der sozialisatorischen »Erziehung« durch die Realität und der Erziehung im genannten Sinne sind fließend. Bernfeld führt aus, daß es Erziehung überall dort gibt, wo Kindheit in Gesellschaft abläuft. Er nennt Erziehung die Summe der Reaktionen der Gesellschaft auf die »Entwicklungstatsache« Kindheit, d.h. auf die Tatsache, daß Kinder nicht körperlich, geistig und sozial reif zur Welt kommen, sondern diese Eigenschaften als sozial vermittelte erst erwerben müssen (Bernfeld, 1925, S. 48f.). Die bewußte Erziehung ist demgegenüber nur ein Spezialfall. Die Realität, durch die das Kind erzogen wird, ist also:

a) Die objektive Realität der physikalischen, biologischen etc. Tatsachen. (Das Kind, das in die Flamme faßt, verbrennt sich. Allerdings wird ein Kind je nach Gesellschaft, Klasse, Schicht und anderen Voraussetzungen (Stadt, Land u.a.), unter denen es aufwächst, mit anderen Ausschnitten der Realität konfrontiert und je nach diesen Voraussetzungen hat diese auch einen unterschiedlichen Sinn.)

b) Die soziale Realität, in der die Erfahrungen mit der ersteren ihren Sinn bekommen und die ihrerseits objektive Zwänge setzt. (Ein Kind, das nicht lernt, sich im Straßenverkehr zu verhalten, z.B. über die Straße zu gehen, würde in der Großstadt nicht überleben.)

c) Die künstliche Realität, die durch pädagogische Anstrengungen gesetzt wird. (Ein Kind wird für Wohlverhalten, Freundlichkeit belohnt usw.)

Ein Kind wird also einerseits durch die ganze gesellschaftliche Realität »erzogen«, soweit es damit in Berührung kommt, und andererseits geschieht dies weitgehend durch die Vermittlung einzelner Erwachsener. »Denn Erziehung ist nicht allein, was die Erzieher ausüben (oder auszuüben vermeinen). Erziehungssubjekte sind die Väter und Mütter, die Tanten und Onkeln, die Krämer und Chauffeure, Schutzleute, Schaffner und Postboten, Plakatzeichner, Kinoregisseure, Journalisten, Redner . . ., es ist die ganze heutige Gesellschaft.« (Bernfeld, 1925, S. 132)

Soweit bewußt durch Strafe und Belohnung erzogen wird, liegt allen Erziehungsmethoden, ob es sich nun um Dressur handelt oder feinere Erziehungsmethoden, der genannte Lust-Unlustmechanismus zugrunde. Der Bedeutung des libidinösen Charakters der kindlichen Objektbeziehungen entsprechend gewinnt die Liebe als »edelstes Prinzip« besondere Bedeutung (Hitschmann, 1927). Dies kann in verschiedener Form geschehen, z.B. durch besondere »Liebesprämien«, oder durch die Förderung von Übertragungs- und Identifikationsprozessen. Dabei empfiehlt es sich, mit nicht allzugroßen Dosen von Furcht bzw. von Liebe zu arbeiten, denn Strafen wecken in der Regel im Kind verbotene Regungen.[5] Die verursachte Unlust weckt Haß, die Versagung sonst gestatteter Befriedigungen und die Annäherung an ein verpöntes Triebziel, die auch durch ein zuviel an Liebesprämien verursacht werden kann, beleben alte, verdrängte Wünsche neu, gegen die das Überich mobilisiert werden muß (Schmideberg, 1931, S. 122). Das danach erreichte psychische Gleichgewicht basiert dementsprechend noch stärker auf Verdrängung als das vorhergehende. Das Erziehungsziel wird zwar erreicht, aber der psychische Preis ist gestiegen, die neurotischen Tendenzen des Kindes werden vertärkt. Vor solchen Folgen schützt allerdings auch die genannte Empfehlung nicht unbedingt. Ob ein Kind verdrängt oder sublimiert und mit welcher Vehemenz es die Triebkonflikte erlebt, hängt von der Stärke seiner Triebregungen, seinen bevorzugten Abwehrmechanismen und anderen Voraussetzungen, die die psychische Realität des Kindes determinieren, ab. Allerdings sind bei kleinen Kindern die psychischen Vorgänge noch sehr lebhaft und heftig, so daß sie immer an die »lex talionis« glauben (Bettelheim, 1971, S. 98). Strenge Strafen sind jedenfalls nicht dazu geeignet, dem Kind in seiner Entwicklung zu einer zivilisierteren, behutsameren Art der Bewältigung von Triebkonflikten und Gefühlen zu verhelfen.

Der kindlichen Sexualität galt aufgrund ihrer zentralen Bedeutung für die kindliche Entwicklung das besondere Interesse der ersten Psychoanalytischen Pädagogen. Die Fragen, wann und wie Kinder sexuell aufgeklärt werden sollten, wie man sich bei kindlicher Onanie verhalten soll, ob man sich vor dem Kind nackt zeigen soll usw., wurden diskutiert. Zum Verhältnis zwischen der psychosexuellen und allgemeinen Entwicklung des Kindes liegen mehrere Untersuchungen vor. So wurde vor allem der Zusammenhang zwischen sexueller Triebunterdrückung und »Dummheit« bzw. verschiedenen Lernstörungen nachgewiesen (z.B. Landauer, 1930). Dagegen wurde ein anderer Gesichtspunkt, unter dem Freud die traditionelle Erziehung kritisierte, auch weiterhin vernachlässigt: »Daß sie dem jugendlichen Menschen verheimlicht, welche Rolle die Sexualität in seinem Leben spielen wird, ist nicht der einzige Vorwurf, den man gegen die heutige Erziehung erheben muß, sie sündigt außerdem darin, daß sie ihn nicht auf die Aggression vorbereitet, deren Objekt er zu werden bestimmt ist.« (1930, S. 494)

Die Hervorhebung der zentralen Bedeutung der Trieberziehung des Kindes, des Verzichts auf unmittelbaren Lustgewinn, hat bei einem Teil der Psychoanalytischen Pädagogen einen dogmatischeren Charakter als bei

5 Müller-Braunschweig meint, die beste Erziehung sei diejenige, »die mit den kleinsten Dosen von Furcht und Liebe arbeitet«. Im Hinblick auf die Liebe ist diese Formulierung nicht überzeugend.

Freud selbst, der davon ausging, daß der Fortschritt der Kulturentwicklung einen zunehmenden Triebverzicht notwendig macht. »Unsere Kultur ist ganz allgemein auf der Unterdrückung von Trieben aufgebaut. Jeder einzelne hat ein Stück seines Besitzes, seiner Machtvollkommenheit, der aggressiven und vindikativen Neigungen seiner Persönlichkeit abgetreten; aus diesen Beiträgen ist der gemeinsame Kulturbesitz an materiellen und ideellen Gütern entstanden. Außer der Lebensnot sind es wohl die aus der Erotik abgeleiteten Familiengefühle, welche die einzelnen Individuen zu diesem Verzicht bewogen haben.« (Freud, 1908a, S. 199f.) Neben den unvermeidlichen und notwendigen Versagungen – vor allem denen bei der Trennung der präödipalen inzestuösen Mutter-Kind-Beziehung und der ödipalen Konflikte – rechtfertigt für Freud die Anhebung des kulturellen Niveaus Versagungen, die allerdings nicht unzumutbar werden dürfen.

»Das Kind soll Triebbeherrschung lernen. Ihm die Freiheit geben, daß es uneingeschränkt allen seinen Impulsen folgt, ist unmöglich. Es wäre ein sehr lehrreiches Experiment für Kinderpsychologen, aber die Eltern könnten dabei nicht leben und die Kinder selbst würden zu großem Schaden kommen, wie es sich zum Teil sofort, zum anderen Teil in späteren Jahren zeigen würde. Die Erziehung muß also hemmen, verbieten, unterdrücken und hat dies auch zu allen Zeiten reichlich besorgt. Aber aus der Analyse haben wir erfahren, daß gerade diese Triebunterdrückung die Gefahr der neurotischen Erkrankungen mit sich bringt. ... Die Erziehung hat also ihren Weg zu suchen zwischen der Scylla des Gewährenlassens und der Charybdis des Versagens. Wenn die Aufgabe überhaupt nicht unlösbar ist, muß ein Optimum für die Erziehung aufzufinden sein, wie sie am meisten leisten und am wenigsten schaden kann. Es wird sich darum handeln zu entscheiden, wieviel man verbieten darf, zu welchen Zeiten und mit welchen Mitteln. Dann hat man in Rechnung zu setzen, daß die Objekte der erziehlichen Beeinflussung sehr verschiedene konstitutionelle Veranlagungen mitbringen, so daß das nämliche Vorgehen des Erziehers unmöglich für alle Kinder gut sein kann. Die nächste Erwägung lehrt, daß die Erziehung ihre Aufgabe bisher sehr schlecht erfüllt und den Kindern großen Schaden zugefügt hat. Wenn sie das Optimum findet und ihre Aufgabe in idealer Weise löst, dann kann sie hoffen, den einen Faktor in der Ätiologie der Erkrankung, den Einfluß der akzidentellen Kindheitstraumen, auszulöschen. Den anderen, die Macht einer unbotmäßigen Triebkonstitution, kann sie auf keinen Fall beseitigen. Überlegt man nun die schwierigen Aufgaben, die dem Erzieher gestellt sind, die konstitutionelle Eigenart des Kindes zu erkennen, aus kleinen Anzeichen zu erraten, was sich in seinem unfertigen Seelenleben abspielt, ihm das richtige Maß von Liebe zuzuteilen und doch ein wirksames Stück Autorität aufrechtzuerhalten, so sagt man sich, die einzig zweckmäßige Vorbereitung für den Beruf des Erziehers ist eine gründliche psychoanalytische Schulung. Am besten ist es, wenn er selbst analysiert worden ist, denn ohne Erfahrung an der eigenen Person kann man sich die Analyse doch nicht zu eigen machen. Die Analyse der Lehrer und Erzieher scheint eine wirksamere prophylaktische Maßregel als die der Kinder selbst, auch setzen sich ihrer Durchführung geringere Schwierigkeiten entgegen.« (Freud, 1933, S. 160)

Freuds Formulierung über Versagen und Gewährenlassen ist in der Psychoanalytischen Pädagogik zu einer Formel geworden. Sie bezieht sich allerdings nicht immer auf den Umgang mit kindlichen Triebregungen. Im Zusammenhang mit den pädagogischen Folgerungen aus anderen psychoanalytischen Theoriestücken verkehrte sich ihr Sinn, soweit die pädagogische Bedeutung von notwendigen Versagungen besonders hervorgehoben wird, sogar ins Gegenteil. So stellte sich im Lichte der Strukturhypothese im Verlauf der Revision der Psychoanalytischen Pädagogik zunehmend die Frage, ob es überhaupt richtig ist, Erziehung so ausschließlich als Trieberziehung zu verstehen. In dieser Form ist sie überwiegend Über-Ich-Pädagogik. Das Hauptproblem besteht darin, zu erforschen »welche Art von erzieherischen Methoden und in wie starker Intensität sie angewendet werden sollen, um eine optimale Über-Ich-Bildung zu erzielen«. (Balint, M., 1939, S. 99).

Solange das Kind noch zu klein ist, als daß Appelle an seine Einsicht sinnvoll wären und soweit später die Versagungen von Triebregungen ohne moralische Bewertungen erfolgen, liegt keine Über-Ich-Erziehung vor. Die »Gewöhnung an die Formansprüche der Gesellschaft«, ohne gleichzeitige moralische Verurteilung der zu zügelnden Triebregungen, ist »Erziehung zum Realitätsprinzip« (a.a.O. S. 91). Beim kleinen Kind, bei dem körperliche und seelische Tatbestände kaum voneinander unterschieden werden können, ist die Erziehung als »Gewöhnung an die Formansprüche der Gesellschaft« eine Erziehung des Ich. Entsprechend der Tatsache, daß das frühe Ich wesentlich Körper-Ich ist, spielen in diesem Zusammenhang Prozesse eine Rolle, die ans Biologische grenzen. »Alles, was mit dem Über-Ich zu tun hat, bleibt innerhalb der Psychologie. Das Ich aber ist vor allem ein Körper-Ich und die hier auftauchenden Probleme greifen vielfach auch auf die Biologie über; sie machen den rätselhaften Sprung ins Organische (a.a.O. S. 100). Balint nennt »so wichtige Probleme wie die Auto- und Alloplastik, die Sublimierung und vor allem die Lustabfuhr, sowohl als Vorlust als auch als Endlust«. Die genannten Vorgänge sind Funktionen des Ich, die zwar auf angeborener Veranlagung aufbauen, aber dennoch mühsam gelernt werden müssen. Eine ihrer Bedingungen ist die Realitätsprüfung, die ihrerseits ebenfalls erlernt werden muß.

Aus dieser Perspektive wird klar, daß beim Umgang mit Triebregungen nicht nur Versagungen wichtig sind, sondern daß auch das lustvolle Genießen von Triebbefriedigungen gelernt wird und werden muß. Erziehung sollte immer »praktische Leistungsfähigkeit« (Tüchtigkeit im Lebenskampf) und die Glücks- oder Genußfähigkeit des Menschen gewährleisten« (a.a.O. S. 91). Um die Fähigkeit des Ich im Umgang mit der Realität, der inneren wie der äußeren, ausbilden zu können, muß das Kind mit geeigneten Realitätsangeboten konfrontiert und in geeignete Tätigkeitsformen eingeübt werden. Künstlich gesetzte pädagogische Realitätssubstitute können das Kind jedoch nur beschränkt dazu anleiten, sein »triebhaftes, von Innen her bestimmtes Tun in gesteuertes, sozial einbezogenes Handeln zu verwandeln« (Peller, 1933, S. 108). Dies gilt zum Beispiel für die schrittweise Einführung des Kindes in die Welt der Erwachsenen im Spiel. »Das Kind unterscheidet seine Spielwelt sehr wohl, trotz aller Affektbesetzung, von der Wirklichkeit und lehnt seine imaginierten Objekte und Verhältnisse gerne an greifbare und sichtbare Dinge der Wirklichkeit an.« (Freud, 1908b, S. 214)

In dieser Perspektive einer auf die Stärkung des Ich gerichteten Pädagogik gewinnt der ursprüngliche Sinn der Formel vom Versagen und Gewährenlassen eine neue Bedeutung. Versagen heißt nun, das Kind daran zu hindern, mit seinen Kräften in die Realität einzugreifen, gewähren heißt, dem Kind die – evtl. risikoreiche – Auseinandersetzung mit der Realität zu erlauben. Die Formel behält aber dennoch prinzipiell ihre Gültigkeit, denn »das allzu strenge Einengen des Kindes und das möglichst alles Gewährenlassen führen zu dem gleichen Ergebnis: das Kind gelangt nicht in den Kontakt mit der Realität« (Peller, 1933). In beiden Fällen werden ihm

»die Wirkungen, die sein Tun in der Außenwelt bei Menschen und Dingen auslöst, unüberschaubar, sie kehren nicht zu ihm zurück. Darauf aber kommt es vor allem an, daß das Kind Erfahrungen machen kann, in denen es eine verständliche ›Antwort‹ auf sein Tun bekommt. Dazu ist es nützlich, das Kind mit Dingen zu umgeben, die ›Antworten‹ geben und die Umwelt so zu gestalten, daß es jeweils auswählen oder erfassen kann, was im nächsten Augenblick aus der Außenwelt an es herantreten wird, so daß es Herr der Situation bleiben kann. Andererseits sucht nicht jede Tätigkeit des Kindes (ebenso des Erwachsenen) den Kontakt mit der realen Umwelt. Es gibt ein Abspielen von gefühlsbetonten Vorstellungen, das nur eben da sein will. Es wird nicht produziert, um in die Realität einzugreifen und Bewegung in dieser hervorzurufen. Das Kind braucht zu solcher Phantasietätigkeit Objekte, an die sie sich anlehnen kann, d.h. Spielsachen.« (Peller, 1933, S. 108)

Zur Ichstärkung trägt auch bei, wenn dem Kind Vorgänge und Erziehungsmaßnahmen einsichtig gemacht werden können, so daß es die zugemuteten Versagungen verarbeiten kann, und wenn es dem Erzieher gelingt, für seine Ziele den Willen des Kindes als Bundesgenossen zu gewinnen. Dies geschieht im wesentlichen durch unbewußtes Identifizieren mit dem Erzieher als Vorbild. Ermutigungen, das Anbieten positiver Identifikationsmöglichkeiten und der Abbau schädlicher, unrealistischer Ideale und Leitbilder können wesentlich dazu beitragen (Bittner, 1967, S. 90).

Die Erziehung des Erziehers

Die Identifizierung des Kindes mit dem Erzieher ist nur einer von mehreren Mechanismen, aufgrund derer der Erzieher nicht einfach als Vermittler bestimmter Kenntnisse und als Vertreter moralischer Forderungen wichtig ist, sondern als Persönlichkeit insgesamt. Von zentraler Bedeutung sind die Übertragungsprozesse, d.h. die Tatsache, daß Kind und Erzieher auch unbewußt miteinander kommunizieren, unbewußte Wünsche mitteilen, d.h. sich wechselseitig durch unbewußte Seelenregungen beeinflussen. Der Erzieher erzieht nicht nur im Sinne der von ihm angestrebten Erziehungsziele, sondern auch durch reales Verhalten und unbewußte Mitteilungen. Umgekehrt wecken die unbewußten Wünsche, die – je nach der psychosexuellen Phase – verschiedenen Verhaltensweisen des Kindes und seine psychischen Probleme im Erzieher selbst ungelöste psychische Probleme wieder auf. Aber auch von letzteren abgesehen, steht der Erzieher bei Kindern immer vor der Tatsache, daß es bei diesen noch keine scharfe Trennung zwischen bewußt und unbewußt gibt, da die Verdrängungen noch nicht abgeschlossen sind und affektive und kognitive Lernprozesse noch besonders eng zusammengehören. Dementsprechend muß der Erzieher, wenn er Kinder verstehen will, sich in sie einfühlen können. »Ein Erzieher kann nur sein, wer sich in das kindliche Seelenleben einfühlen kann, und wir Erwachsenen verstehen die Kinder nicht, weil wir unsere eigene Kindheit nicht mehr verstehen.« (Freud 1913a, S. 419)

Das Erziehungsziel der analytischen Pädagogik ist ein »optimal gesundes Ich«, d.h. »ein Ich, das im Konfliktfall nicht mit Fluchtreaktionen und Ausfallerscheinungen antwortet, nicht triebfeindlich und nicht für die Lebensleistungen eingeschränkt wird«. Um dem Kind im Sinne dieses Erziehungsziels ein Vorbild zur Identifikation sein zu können, das ihm einen angstfreien Umgang mit Gefühlen, Trieben, Außenwelt und Überich vorlebt, und um es verstehen zu können, muß der Erzieher das Infantile in sich selbst verstehen und damit kontrolliert umgehen können. Dazu kann ihm eine Analyse verhelfen. In ihr kann er die eigenen unbewältigten frühkindlichen Erfahrungen aufarbeiten und seine Wahrnehmung von unbewußten Regungen und Übertragungsvorgängen schulen. Das Bewußtwerden der eigenen inneren Konflikte und Widersprüche trägt nicht nur dazu bei, daß er sich besser in das Kind einfühlen kann, er wird auch an sich selber lernen, daß es nicht gerechtfertigt ist, das Kind immer als eine psychische Einheit anzusehen und ihm völlige Willensfreiheit zu unterstellen. »Das Kind ist keine Summe von Eigenschaften und Begabungen, sondern ein Geschöpf, das aus Widersprüchen besteht.« (Bernfeld, 1928, S. 441)

Erziehern, die den Umgang mit Kindern nicht gewöhnt sind, wie zum Beispiel jungen Eltern, kann jedoch die eigene Analyse das erzieherische

Verhalten auch erschweren (Burlingham, 1937). Zum Teil dadurch, daß die Erfahrungen aus der eigenen Analyse die Wahrnehmung andersartiger Erfahrungen verzerren oder auch dadurch, daß Verhaltensweisen des Analytikers, dessen wohlwollende, nicht wertende Neutralität, permanentes Deuten und andere, die zur analytischen Situation gehören, als pädagogisches Verhalten übernommen werden. Eine häufig beobachtete Schwierigkeit besteht dann darin, daß der Erzieher Angst bekommt, durch sein Eingreifen die inneren Konflikte des Kindes ungewollt zu verstärken. Er vermeidet es dann, dem Kind Versagungen zuzumuten, bekommt Angst vor den problematischen Gefühlszuständen des Kindes – Angst, Traurigkeit, Schuldgefühle usw. – und neigt dazu, dem Kind das Leben so angenehm wie möglich zu machen. Um dem Kind den Umgang mit seinen Ängsten und Aggressionen zu erleichtern, muß man sie jedoch beantworten. Deutungen genügen nicht, denn nur eine »natürliche« Antwort auf z.B. aggressives Verhalten ermöglicht dem Kind zu lernen, die Folgen seines Tuns abzuschätzen und seine Aggression dem Widerstand anzupassen. Das konsequente Vermeiden von Versagungen ist auch deswegen falsch, weil Versagungen und Distanzierungen nötig sind. »Ein Liebesobjekt, um dessen Liebe man nie werben muß, ist kein genügender Motor für Identifizierungen.« (Bornstein, 1937, S. 85)

Wegen der überragenden Bedeutung des Unbewußten des Erziehers für die erzieherische Beeinflussung des Kindes mindern Schwierigkeiten dieser Art, wie sie sich für pädagogisch unerfahrene Erzieher ergeben können, doch normalerweise den Gewinn einer Analyse für die pädagogische Arbeit nicht. Soweit es sich um Erziehung in Paarbeziehungen handelt, wird man davon ausgehen können, daß die psychische Gesundheit bzw. die Persönlichkeit des Erziehers der wichtigste Faktor neurosenprophylaktischer Pädagogik ist. Aus psychoanalytischer Sicht müssen dementsprechend im Hinblick auf das hohe Erziehungsziel psychischer Gesundheit an den Erzieher sehr hohe Anforderungen gestellt werden: Ilan (1966) zitiert einen umfangreichen Katalog Slavsons: Verständnis, Anpassungsfähigkeit, die Bereitschaft, andere an den eigenen intellektuellen Erfahrungen teilhaben zu lassen, Achtung vor den Mitmenschen und ihren Ansichten, umfassende soziale Interessen und eine soziale Lebensauffassung, die Fähigkeit, anderen eine Entwicklung ihrem Rhythmus entsprechend zuzugestehen, emotionale Reife, Bereitschaft zur Zusammenarbeit, Findigkeit, Kreativität und Achtung vor der Kreativität anderer, Nächstenliebe, Ausgeglichenheit und Heiterkeit, Wissen, Humor.

Die Liste ließe sich noch um wesentliche Qualitäten wie Spontaneität, Kritikfähigkeit und Kritikertragenkönnen und andere ergänzen. Es ist jedoch offensichtlich, daß es keine Analyse oder Therapieform geben kann, die die Freisetzung aller dieser Eigenschaften garantieren könnte. Dem geeigneten Erzieher kann die analytische Ausbildung jedoch zu den Qualifikationen verhelfen, die ihm ermöglichen, die wichtigsten psychoanalytischen Leitsätze für den pädagogischen Alltag in die Praxis umzusetzen. Der Katalog läßt sich auflisten, aber für ihre Anwendung gibt es keine Rezepte:

1) Der Erzieher sollte imstande sein, die Abkömmlinge des kindlichen Unbewußten zu erkennen, zu deuten und von seinen bewußten Äußerungen zu sondern. Er sollte dem Kind bei der Bewältigung unbewußter Regungen helfen, anstatt sie zu verurteilen.
2) Der Erzieher sollte das Kind allmählich die Bedeutung der realen Verhältnisse der Außenwelt verstehen lehren und es dazu anregen, das Lustprinzip durch das Realitätsprinzip zu ersetzen.
3) Er sollte die sexuellen Äußerungen des Kindes als normale und notwendige Phänomene anerkennen.
4) Der Erzieher sollte dabei die prägenitalen Organisationsphasen der kindlichen Entwicklung berücksichtigen und erkennen, wo sein Eingreifen Entwicklungshemmungen überwinden helfen kann.
5) Der Erzieher sollte zum Zustandekommen von Sublimierungen anstelle von Verdrängungen beitragen.
6) Der Erzieher sollte die Übertragungsbeziehung pflegen, damit sie als positive dem Kind nützen kann.
7) Der Erzieher sollte stets die Determination durch unbewußte Vorgänge im Auge behalten, um sie verstehen zu können (Schmidt, 1923).

Wir sehen vorläufig davon ab, welche Veränderungen sich im Erzieher-Kind-Verhältnis ergeben, wenn die Erziehung in Gruppen oder innerhalb bestimmter institutioneller Zwänge erfolgt. Für das direkte Erzieher-Kind-Verhältnis gilt sicher die Behauptung Freuds, daß die psychische Gesundheit und damit die psychoanalytische »Erziehung« des Erziehers von grundlegender Bedeutung ist. Der Gedanke, daß eine Analyse jedes Erziehers als Neurosenprophylaxe nützlich und wünschenswert wäre, wird nicht schon dadurch falsch, daß er angesichts der realen gesellschaftlichen Voraussetzungen in unserer Gesellschaft utopisch erscheint. Es läßt sich jedoch zeigen, daß er unter bestimmten Voraussetzungen erheblich an Bedeutung verliert. Wir kommen darauf noch zurück.

Familiale Beziehungen und Psychoanalytische Pädagogik

Da die Psychoanalytiker die Familie als sozio-ökonomische Institution in der Regel nicht deutlich von der Familie als psychosexuellem Verhältnis unterscheiden, die Freudsche Theorie aber durch und durch familialistisch ist, sind im Zusammenhang mit gesellschaftlichen Veränderungen der Familie immer wieder Zweifel laut geworden, ob nicht auch in bezug auf die Familie zentrale Theoriestücke der Psychoanalyse auf zeitbedingten gesellschaftlichen Voraussetzungen beruhen und dementsprechend keine allgemeine Gültigkeit beanspruchen können. Wie sich z. B. an der umfangreichen Diskussion über die Universalität des Ödipuskomplexes zeigen ließe, können die Psychoanalytiker zwar einerseits prinzipielle Zweifel zurückweisen, andererseits jedoch wären systematische Untersuchungen über den Zusammenhang zwischen den Veränderungen der bedingenden gesellschaftlichen und strukturellen Voraussetzungen und den damit verbundenen psychosexuellen Veränderungen nötig, um die anthropologische Grundannahme der Psychoanalyse auf konkrete Voraussetzungen bezogen differenziert darstellen zu können. Dies wiederum wäre die Voraussetzung dafür, pädagogische Ratschläge konkret begründen zu können. Denn ebenso wie familiale Sozialisationsprozesse einem Wandel unterliegen, und die dominierenden Formen von Psychopathologie sich verändern, ebenso können auch die pädagogischen Einstellungen der Psychoanalytiker keine zeitlose Gültigkeit beanspruchen. Freud z. B. hielt sich bei der Sexualaufklärung des kleinen Hans mit Rücksicht auf dessen Eltern pädagogisch viel stärker zurück – obwohl er beide zu seinen nächsten Anhängern zählt, scheute die Mutter nicht davor zurück, ihren Sohn von der Onanie mit der Drohung abzuhalten, sie werde ihm seinen »Wiwimacher« abschneiden – als dies bei einem Psychoanalytiker heute in einem solchen Fall zu erwarten wäre. Gerade in Fragen der Sexualerziehung werden die Folgen gesellschaftlicher Veränderungen für die Problemstellungen der Psychoanalytischen Pädagogik deutlich. So wird ein psychoanalytischer Pädagoge heute wohl weniger häufig mit Problemen verspäteter Sexualaufklärung konfrontiert als mit der Frage, wie die sexuellen Wünsche von Kindern beantwortet werden sollen, oder der Frage, ab wann Jugendliche »erwachsene« Geschlechtsbeziehungen aufnehmen können und welche Gefahren damit verbunden sind, wenn dies bloß nach Maßgabe der körperlich-sexuellen Reifung geschieht.

Da das psychoanalytische Verstehen pädagogisch-therapeutischer Probleme immer schon die besonderen individuellen und konkreten Voraussetzungen des Einzelfalls berücksichtigt, und die Psychoanalytischen Pädagogen entsprechend wenig Neigung zeigten, Verallgemeinerungen oder Rezepte zu formulieren, besteht das Problem, wenn man an der Psychoanalytischen Pädagogik der zwanziger/dreißiger Jahre anknüpfen will, weniger darin, daß die Arbeiten aus dieser Zeit veraltet und dementsprechend heute unbrauchbar wären, als vielmehr darin, daß aufgrund veränderter gesellschaftlicher Voraussetzungen neue Probleme entstanden sind, die damals noch nicht berücksichtigt werden konnten. Außerdem wäre es an der Zeit, die alten und neuen Erkenntnisse der Psychoanalytischen Pädagogik in den systematisierten Zusammenhang einer aktualisierten psychoanalytischen Erziehungslehre zu bringen. Dies kann hier nur ansatzweise geschehen.

Im Hinblick auf den Familialismus der psychoanalytischen Theorie wäre insbesondere zu klären, welche Veränderungen sich für die psychologische Familie aus den Veränderungen der sozialen Institution Familie und ihrer Struktur ergeben haben. Angesichts des weitverbreiteten psychischen Elends unter Kindern, der Diskussion über die Abschaffung der Familie und alternative Formen des Zusammenlebens, über die »Vaterlosigkeit« und die Zerstörung von Mütterlichkeit ist es sicher berechtigt, von einer »Krise der Familie« zu reden. Die Entwicklungstendenzen der sozialen Institution Familie, die dazu geführt haben, – Schrumpfen der Familie und im Gefolge davon die Intimisierung des Familienlebens, der Verlust von traditionellen Funktionen, die Angleichung der Geschlechterrollen usw. – können hier nur erwähnt, aber nicht so ausführlich dargestellt werden, wie es notwendig wäre, um den Zusammenhang zwischen den gesellschaftlichen Veränderungen, deren Folgen sie sind, und den Veränderungen der psychologischen Familienbeziehungen genauer zu zeigen. Ebensowenig werden hier die klassen- und schichtspezifischen Unterschiede der familialen Beziehungen berücksichtigt. Sowohl Freud als auch die Psychoanalytischen Pädagogen haben solche Unterschiede zwar hin und wieder erwähnt, aber nie in systematischer Weise bedacht. Dementsprechend kann hier auch nur kurz darauf verwiesen werden, daß und wie die Krise der Familie auf spezifische Tendenzen der spätkatpitalistischen Gesellschaft zurückzuführen ist.

Die heute dominierende Familienform ist die Kleinfamilie, die aus Eltern und unmündigen Kindern besteht. Zu ihren hauptsächlichen Funktionen, die ihr im Verlauf ihrer Entwicklungsgeschichte geblieben sind, gehören: Fortpflanzung, Sozialisation und Erziehung, physische und psychische Regenerierung der Arbeitskraft, Statuszuweisung.

Im Hinblick auf die psychologischen Familienbeziehungen ist die Tatsache wichtig, daß die Familie heute in unserer Gesellschaft außer der Produktion und Reproduktion der Arbeitskraft keine produktiven Funktionen mehr erfüllt. Dagegen erfüllt sie eine wichtige wirtschaftliche Funktion als Konsumtionseinheit. Der Konsum insbesondere von langlebigen Konsumgütern wie Haushaltsgeräten, Fernsehapparaten etc. wäre geringer, wenn statt in isolierten Kleinfamilien in größeren Gruppierungen (Wohngemeinschaften o. ä.) kollektiv konsumiert würde. Die Hausarbeit wird noch immer weitgehend von der Frau übernommen, d. h. die durch den industriellen Kapitalismus erfolgte Aufteilung des Arbeitsprozesses in einen häuslichen und einen industriellen Bereich läuft teilweise mit einer Aufteilung der Arbeit nach Geschlechtern parallel. Die im Haushalt geleistete Arbeit ist nicht in den Bereich der Produktion von Mehrwert einbezogen und wird nicht entlohnt. Was im folgenden über das Spannungsverhältnis zwischen Familie und bürgerlicher Gesellschaft gesagt wird, gilt in modifizierter Weise auch in der spätkapitalistischen Gesellschaft: die Familie soll bewahren, was der Kapitalismus gerade zerstört: Privatbesitz und Individualismus. Da die Hausarbeit privat geleistet wird, darf sie noch unkontrolliert erfolgen. »Die Freiheit der Hausfrau ist ihre Isolierung« (Mitchell, 1971, S. 161).

Da wir uns auf die psychologische Dimension der Familienbeziehungen beschränken müssen, kann hier die Problematik der Krise der Familie nur ausschnittweise diskutiert werden. Die Frage, inwieweit die Familie tatsächlich noch Privatsphäre sein kann, in der Erholung von den außerfamilialen Belastungen gefunden wird, müßte genauer untersucht werden als hier möglich ist. (vgl. Zaretsky 1978) Es gibt jedenfalls viele Anzeichen dafür, daß die Tauschbeziehungen und die Prinzipien des Erwerbslebens, die in der Gesellschaft herrschen, auch die Familienbeziehungen zunehmend durchdringen. Psychologisch folgenreich ist auch, daß der familiale Lebenszusammenhang heute in unserer Gesellschaft nicht mehr die dominierende Form des Zusammenlebens ist. Statistisch gelten neben der Eltern-Kind-Gemeinschaft und verwitweten oder geschiedenen Personen, die mit ihren ledigen Kindern zusammenleben, auch Ehepaare ohne ledige Kinder, ledige Personen mit ledigen Kindern, insbesondere ledige Mütter, als Familien. Darauf bezogen gilt heute in unserer Gesellschaft, daß die Familie mit Kindern im Vergleich zu den anderen »Familien« in der Minderheit ist (Hagemann-White/Wolff 1975; zum folgenden *Frankfurter Rundschau* vom 23. 2. 1976 und 8. 10. 1976). Nur noch in jedem dritten Haushalt lebt wenigstens ein Kind unter 14 Jahren. Der Trend zur Kleinfamilie hält an. Die Zahl der Lebendgeborenen ist im Verlauf der 12 Jahre zwischen 1963 und 1975 von 1,05 Millionen auf 600 000, also um 40% zurückgegangen. Für die niedrigen durchschnittlichen Nachwuchszahlen sind allerdings weniger kinderlose Ehen – von 100 haben 38 keine Kinder – sondern der Trend zur Einkindfamilie ausschlaggebend. Jedes vierte Kind hat keine Geschwister. Noch immer aber wachsen die meisten Kinder in »funktionell vollständigen Familien« auf.

Auf diese Entwicklung könnte es zurückzuführen sein, daß die Besonderheiten familialer Beziehungen im Sinne der vollständigen Kleinfamilie kaum noch wahrgenommen werden. Auch die Individualisierung der Ehe, die heute in der Regel aufgrund rein individueller Entscheidungen der Partner geschlossen wird, und die Verbreitung anderer »familialer« Lebensformen als die der Kernfamilie (eheähnliche Beziehungen, Wohngemeinschaften), haben dazu geführt, daß eine Art Gegensatz zwischen Ehe und Familie festgestellt werden kann, weil die Ehe nicht mehr nur die Vorstufe zur Familie ist (König, 1974). Der psychologisch ausschlaggebende Tatbestand ist die Geburt eines Kindes. Für ein Ehepaar hat bis dahin ihre Beziehung keine von ihrer persönlichen Existenz abgehobene Existenz. Wenn sie sich trennen oder einer von beiden stirbt, hört ihre Gruppe in jeder Beziehung auf zu bestehen. Dies ist nicht der Fall in einer Familie mit einem oder mehreren Kindern. Durch die Geburt eines Kindes entsteht ein familiales Dreieck, das für die Eheleute eine neue Verbindlichkeit der ehelichen und familialen Beziehungen mit sich bringt. Der Übergang zur Familie strukturiert ihre Beziehungen in einer Weise, die über die persönliche Existenz des einzelnen Gatten hinaus Folgen hat.

Therese Benedek hat in mehreren Untersuchungen nachgewiesen, daß die Elternschaft tiefgehende psychische Veränderungen bewirken kann. Dazu gehört zunächst, daß die Eheleute durch die Geburt eines Kindes füreinander elterliche Aspekte gewinnen. Vor allem das erotische Bild der Frau, die sich auch körperlich verändert, wird durch das erste Kind beeinträchtigt oder zumindest verändert. Für beide Eltern gilt, daß sie in der Auseinandersetzung mit ihren Kindern und deren Veränderungen im Laufe ihrer Entwicklung unbewußt ihre eigenen innerpsychischen Prozesse bearbeiten. »So kann das Kind die psychische Struktur der Eltern, die Strenge ihres Überichs mildern oder stärken« (Benedek, 1960, S. 58). Die große psychologische Bedeutung des Kindes für die Eltern drückt sich oft auch darin aus, daß die Eltern an ihrem Status auch dann noch festhalten, wenn ihre Kinder selbst längst schon erwachsen sind.

Manche psychologischen Beziehungen, die sich im Verlauf des Lebenszyklus ergeben, lassen sich nach dem Schrumpfen der Familie zur Kernfamilie nur eingeschränkt realisieren. So z. B. die Möglichkeit, daß die Liebe der Großeltern dem Kind das sichere Gefühl vermittelt, daß es geliebt wird, auch wenn es dies nicht immer verdient. Wichtiger noch erscheint in diesem Zusammenhang, daß die Eltern in höherem Alter die psychologische Unterstützung ihrer Kinder brauchen. Deren Liebe und Achtung können wesentlich dazu beitragen, daß das Alter weniger unangenehm und weniger angsterregend ist. Angesichts der Generationskonflikte, wie sie sich innerhalb und außerhalb der Familie ergeben, erscheint die Erhaltung enger familialer Bindungen, durch die solche Bedürfnisse befriedigt werden könnten, in unserer Gesellschaft heute aber weder attraktiv noch verwirklichbar.

Die Gettoisierung der alten Menschen und die Auslagerung von Vorgängen wie Geburt, Sterben, schweren Krankheiten, Pflege von Gebrechlichen und Behinderten usw. in spezielle Institutionen – Krankenhäuser, Heime – haben dazu geführt, daß eine Reihe zentraler Lebenserfahrungen im familialen Alltag nicht mehr gemacht werden. Die psychologische Dimension der Familienbeziehungen ist auf den Umfang geschrumpft, der sich aus den Geschlechtsbeziehungen der Gatten und der pädagogischen Eltern-Kind-

Beziehung ergibt. Bevor wir auf Einzelheiten zu sprechen kommen, können wir einige Entwicklungstendenzen nennen, die in den Eltern-Kind-Beziehungen in den USA durch Untersuchungen aus den letzten 25 Jahren festgestellt worden sind und die im großen und ganzen auch für die BRD gelten (Devereux u. a. 1962):

1) Eltern sind weniger streng im bezug auf die spontanen kindlichen Wünsche

2) Gefühle werden freier ausgedrückt

3) Es werden mehr indirekte »psychologische« Disziplinierungstechniken angewendet (wie Appelle an die Vernunft oder an das Schuldgefühl anstatt direkter Methoden wie körperliche Strafen, Schimpfen und Drohen)

4) Weniger klassenspezifische Unterschiede im Sozialisationsverhalten aufgrund weiterer Verbreitung von Mittelklassewerten und -verhaltensweisen

5) Im Verhältnis der Eltern wird das Verhalten des Vaters weniger autoritär und eher liebevoll und die Mutter nimmt mehr Einfluß auf die Erziehung besonders der Jungen. Daneben ließe sich noch die Zunahme partnerschaftlicherer Ehebeziehungen und eine liberale Einstellung zur Sexualität nennen.

Um zu klären, ob diese Tendenzen ein im Sinne psychoanalytischer Pädagogik günstigeres erzieherisches Familienklima ergeben oder ob ihre positive Wirkung durch andere Tendenzen der Familie in der Krise aufgehoben werden, müssen die Veränderungen der psychologischen Familienbeziehungen genauer betrachtet werden. Die ersten psychoanalytisch inspirierten Untersuchungen, in denen diese in einem systematischen Zusammenhang gesellschaftswissenschaftlich untersucht wurden, sind in der Mitte der dreißiger Jahre aus der Frankfurter Schule hervorgegangen (Horkheimer u. a., 1936). In diesen Analysen der Struktur der bürgerlichen Familie stand der Zerfall der väterlichen Autorität im Mittelpunkt. Diese Tendenz hat sich im Zusammenhang mit der Verallgemeinerung der Lage der besitzlosen Lohnabhängigen verschärft. Die zunehmende Anonymität der Machtverhältnisse, aufgrund extremer Konzentrationsprozesse, internationaler Verflechtungen und stark arbeitsteiliger Organisationsformen in Großunternehmen, verleihen unserer Gesellschaft den Charakter einer Geschwistergesellschaft, in der die herrschende Klasse kaum mehr in der Verkörperung durch einzelne Machthaber wahrgenommen wird. Dieser Tendenz zur »Vaterlosigkeit« auf gesellschaftlicher Ebene entspricht in der Familie der Zerfall der väterlichen Autorität, der Verlust des Vaterbildes (Mitscherlich, 1963). Der leibliche Vater wird zur blassen Figur, deren Autorität selbst dann als irrationale Anmaßung erscheint, wenn sie für die kindliche Entwicklung notwendig ist.

Die veränderten gesellschaftlichen Voraussetzungen, der Wandel der Geschlechtsrollendefinition, reduzieren andererseits auch die Fähigkeiten, die bei der Frau die notwendigen Voraussetzungen von Mütterlichkeit sind. Max Horkheimer hat diesen Zusammenhang, der inzwischen noch an Bedeutung gewonnen hat, beschrieben:

»Die Frauen haben für ihre begrenzte Zulassung zur wirtschaftlichen Welt des Mannes mit der Übernahme der Verhaltensschemata einer restlos verdinglichten Gesellschaft gezahlt. Die Konsequenzen reichen bis in die zartesten Beziehungen zwischen Mutter und Kind hinein. Die Mutter hört auf, ein beschwichtigender Mittler zwischen dem Kind und der harten Realität zu sein, sie wird selbst noch deren Sprachrohr. Früher stattete sie das Kind mit einem Gefühl der Sicherheit aus, das ihm ein gewisses Maß an Unabhängigkeit zu entwickeln ermöglichte. Es fühlte, daß die Mutter seine Liebe erwiderte, und irgendwie zehrte es von diesem Fundus an Gefühlen sein ganzes Leben lang. Die Mutter, die von der Gemeinschaft der Männer abgeschnitten und trotz ihrer Idealisierung in eine abhängige Situation gezwungen war, repräsentierte ein anderes Prinzip als das der Realität; sie konnte wahrhaft mit ihrem Kind utopischen Träumen nachhängen, und sie war seine natürliche Verbündete, ob sie dies wünschte oder nicht. Es gab also im Leben des Kindes eine Macht, die es ihm erlaubte, mit der Anpassung an die äußere Welt zugleich seine eigene Individualität zu entwickeln. Zusammen mit dem Umstand, daß die ausschlaggebende Autorität im Hause vom Vater ausging und sich wenigstens bis zu einem gewissen Grad auf geistigem Wege durchsetzte, verhütete die Rolle der Mutter, daß sich diese Anpassung zu plötzlich und total und auf Kosten der Individuation vollzog. Heute, wo das Kind nicht mehr die uneingeschränkte Liebe seiner Mutter erfährt, bleibt seine eigene Liebesfähigkeit unentwickelt. Das Kind unterdrückt das Kindliche in sich (was das Individuum freilich nicht daran hindert, daß es später groteske Anstalten trifft, sich wie ein Kind zu benehmen, wenn es Vergnügungen sucht) und verhält sich wie ein berechnender kleiner Erwachsener ohne beständiges, unabhängiges Ich, aber mit einem ungeheuren Maß an Narzißmus. Seine Hartgesottenheit und gleichzeitige Unterwürfigkeit angesichts realer Macht prädisponiert es für totalitäre Lebensformen.« (Horkheimer, 1960, S. 86f.)

Der Verlust des privaten Charakters der Familie und ihre Überwucherung durch die Prinzipien des Erwerbslebens haben diese Problematik noch verschärft. Auch ihre »Zentralfunktion«, die Sozialisation und Erziehung des Kindes, erfüllt sie längst nicht mehr allein. Der erzieherische Einfluß der Massenmedien (insbesondere des Fernsehens), Kinderkrippen, die rapide Ausdehnung der Vorschulerziehung und die öffentliche Einflußnahme auch auf wesentliche Fragen der Erziehung, die intimste Aspekte des Familienverhältnisses betreffen, wie die Einbeziehung der Sexualerziehung in den Schulunterricht, bewirken zunehmend eine Erosion auch der erzieherischen Funktionen der Familie. Die zunehmende Vergesellschaftung der Funktionen und damit des gesamten Reproduktionsprozesses macht auch vor der Familie nicht halt. »Die Privatheit, Intimität des Familienverhältnisses gerät in einen wachsenden Widerspruch zu der notwendig zunehmenden, wenn auch nur partiell sich durchsetzenden Vergesellschaftung der Teilfunktion Erziehung überhaupt.« (Gröll, 1975, S. 35)

Diese Entwicklung führt zu einer Desorganisierung der Familie, in der Vater und Mutter den Verlust an Sozialisationsfunktionen auch als Erleichterung empfinden können. Dies geschieht in Verbindung mit anderen gesellschaftlichen Tendenzen – Verbürokratisierung, räumliche Trennung von Arbeits- und Lebenswelt in Produktionszentren und Schlafstätte, Transportverhältnisse, Arbeitsrhythmen wie Schichtarbeit und ähnliches, Zwang zur Unabhängigkeit und Mobilität in Funktion des Erwerbslebens, Desynchronisation der Tagesabläufe der einzelnen Familienmitglieder. Der erschöpfte »Freizeitpappi« oder die durch doppelte Arbeit in Beruf und im Haushalt ruinierte Mutter sind froh, wenn sie von dem stets verfügbaren »Kindermädchen Fernsehen« entlastet werden. Soweit die Mutter sich ganz auf die Aufzucht ihrer Kinder konzentriert, ist sie erheblichen Konflikten und Belastungen ausgesetzt. Ihre Isolierung und ihre geringe gesellschaftliche Wertschätzung machen die Hausarbeit im Vergleich zur Tätigkeit im erlernten Beruf wenig attraktiv.

Mütter, die bei der Erziehung ihrer Kinder offensichtlich scheitern, werden kritisiert. Eine Definition für das, was der Erfolg der Ausübung ihrer mütterlichen Funktionen genannt werden könnte, gibt es aber nicht. Nach den üblichen Kriterien des psychologischen Leistungsbegriffs läßt sich ihre Arbeit nicht beurteilen (Heckhausen, 1974). Denn dazu müßte ihr Handlungsergebnis »erzielbar oder erzielt sein. Es muß objektivierbar sein und Aufgabencharakter haben. Tätigkeiten ohne eigentlichen Anfang und Abschluß, wie manche Arbeiten und Beschäftigungen im Beruf, Haushalt oder Freizeit, fallen nicht darunter«. Weder gibt es einen Maßstab der Schwierigkeit oder des Kräfteaufwands für ihre Arbeit, noch kann sie nachweisen, daß ihr Handlungsergebnis tatsächlich von ihr und nicht durch andere Faktoren verursacht worden ist. Kurzum, gemessen an den üblichen psychologischen Leistungskriterien leistet die Mutter und Hausfrau nichts. Sie müßte eine sehr spezielle psychische Konstitution haben, wenn sie ihren Mann nicht darum beneiden würde, daß er zumindest bezahlt wird, wohingegen sie finanziell abhängig bleibt. Obwohl es nicht mehr viele Berufe gibt, deren Ausübung mit Kreativität und Selbstverwirklichung zu tun hat, aber viele, die monoton, erschöpfend und unbefriedigend sind, erscheint die Arbeit des Mannes trotzdem als Privileg.

In ihrer Orientierung am Vorbild männlicher »Selbstverwirklichung« gerät die Frau in Widersprüche, deren reale Erfahrung die Ausübung ihrer Mutterfunktionen problematisiert und den Trend zur Einkindfamilie stärkt. Auf diese Weise können beide Eltern dem Kind nicht ausreichend geben, was es zu seiner psychischen Entwicklung braucht. Dazu gehören in bezug auf die mütterlichen Funktionen Wärme, Geborgenheit, einfühlendes Verständnis, Zuverlässigkeit und andere Eigenschaften. Für die angemessene Ausübung der väterlichen Funktionen wären vor allem starke, aber nicht-autoritäre Väter notwendig.

Soweit in den Geschlechterrollendefinitionen inzwischen eine Angleichung zwischen Mann und Frau erfolgt ist, kann dies durchaus auch positive Aspekte haben. So zum Beispiel, daß sich die Väter mehr und affektiver ihren Kindern widmen. Allerdings ist aus psychoanalytischer Sicht ganz klar, daß das väterliche und das mütterliche Realitätsprinzip und ihre Geschlechterrollen vom Kind als typisch männlich oder typisch weiblich wahrgenommen werden können müssen, um dem Kind den Erwerb seiner eigenen psychosexuellen Konstitution zu erleichtern. Am wichtigsten wäre jedoch, daß die Eltern ihre individuellen Varianten des geschlechtsspezifischen Elternverhaltens in persönlich überzeugender Weise vermitteln können. Am Anfang, solange das Kind noch psychisch und physisch wenig differenziert ist, muß dies den Eltern geradezu körperlich gelingen. Psychisch gilt dies auch später noch, wenn sie für ihre Kinder in bezug auf Wissen und gesellschaftliche Erfahrungen keine Autoritäten mehr sein können. Es ist allerdings nicht klar, woher Eltern in unserer Gesellschaft die Autorität haben könnten, die sie brauchen, um in der Lage zu sein, Kindern auch die gesellschaftlich notwendigen Erfahrungen mit positiver, männlicher und weiblicher, menschlich oder sachlich begründeter Autorität zu vermitteln. Der Mangel an Autorität einerseits und an Mütterlichkeit andererseits führt zu dem Syndrom des »familialen Hospitalismus«.

Daneben bewirken die veränderten Familienbeziehungen andere Verlaufsformen der psychischen Entwicklung des Kindes. Dies wird besonders in bezug auf die ödipalen Konflikte deutlich. Diese erfahren durch die Geschlechterrollenangleichung der Eltern eine Abschwächung, und tendenziell werden sie eher vermieden als durchgestanden. Daraus ergeben sich schwerwiegende Folgen. Denn erst »das Durchleiden der ödipalen Erlebnisse mit ihrer voll entwickelten Ambivalenz der Gefühlsbeziehungen ein und derselben Person gegenüber schafft die Voraussetzungen für die Entfaltung der Sekundärprozesse, durch die wir Kulturmenschen werden« (Mitscherlich, 1963, S. 250).

Die Kritik an der Familie, wie sie im Anschluß an die Arbeiten von Max Horkheimer und Wilhelm Reich Ende der sechziger Jahre wiederholt wurde, basierte vor allem auf zwei Voraussetzungen (vgl. dazu Haensch, 1969): der Sexualfeindlichkeit der Kleinfamilie und der Stellung des Mannes, der in ihr sein bevorzugtes Herrschaftsreservat findet. Soweit die erste Feststellung sich auf das Verbot inzestuöser Sexualbeziehungen bezieht – und damit auf das Privileg der Eltern, untereinander sexuelle Beziehungen zu haben – wäre daran zu erinnern, daß es keine Gesellschaft gibt, in der die Aufnahme sexueller Beziehungen völlig freigestellt ist. In der Kleinfamilie ist die für die Entwicklung des Kindes psychologisch notwendige Dreieckkonstellation auch als ökonomisches und soziales Dreieck gegeben. Nur wenn man, wie Wilhelm Reich, den Ödipuskomplex für die psychische Repräsentanz allein der patriarchalischen Kleinfamilie hält, läßt sich annehmen, daß die Abschaffung der Kleinfamilie einer Befreiung der Sexualität von jeder Art von Einschränkungen gleichkäme. Abgesehen davon prädestiniert die für die Trennung von Mutter und Kind und für die ödipalen Konflikte notwendige Autorität des Vaters die Kleinfamilie nur dann dazu, eine Ideologiefabrik zu werden, in der die Einübung der psychosexuellen Versagungen die Vorbereitungen zur Unterwerfung unter die gesellschaftlichen Zwänge von Lohnarbeit und Unterdrückung ist, wenn in der Gesellschaft das weibliche Prinzip, die weibliche Art von Autorität nichts gilt. In diesem Fall bleibt auch in sozialistischen Gesellschaften – selbst unter der Voraussetzung, daß die Ehe partnerschaftlich organisiert ist und daß die Funktionen des Vaters aber auch der Mutter zunehmend durch Kollektive übernommen werden – allein schon die Beibehaltung der triangulären Familienstruktur ausschlaggebend. Auch die Familie, die weder sexualfeindlich noch autoritär strukturiert ist, wird unter den gegebenen gesellschaftlichen Voraussetzungen der kapitalistischen Gesellschaft eine »Ideologiefabrik«. In den als Konsumeinheiten gegeneinander abgeschotteten Familien wird gelernt, daß »der unbeschränkte Umgang mit Objekten, der so viele Verhaltensweisen, Fähigkeiten und Emotionen anregt und fördert, der sie beglückt, davon abhängt, daß man diese Objekte als Eigentum besitzt« (Brückner, 1972, S. 110). Psychische Regungen wie z. B. Bemächtigungsstreben oder Rivalisieren bekommen dann immer gleich den Charakter von Besitzergreifung oder individualistischen Besitzansprüchen. Daß »mein« und »dein« besondere persönliche Beziehungen zu den damit bezeichneten Objekten ausdrücken können, wie man z. B. von »meiner Stammkneipe« spricht, wird durch die besitzindividualistische Deutung verdeckt. Dazu kommt der alltägliche Kleinkrieg um den in den meisten Familien stets zu knappen Finanzhaushalt. Er »vermittelt den Kindern die falsche, aber offensichtlich gesellschaftsnotwendige Vorstellung von der ›natürlichen‹, unabänderlichen Knappheit der Mittel, fixiert sie frühzeitig auf individualistische Einstellungen zu Eigentum (hier als persönlicher konsumierbarer Besitz) und zum Erwerb« (Gröll, 1975, S. 69).

Gerade auch im Zusammenhang mit der Befriedigung der kindlichen Bedürfnisse wird dann der Umstand, daß es in unserer Gesellschaft an allem mangelt, was nicht in Tauschbeziehungen eingehen kann, zum Engpaß kindlicher Bedürfnisbefriedigung. Ungeeignete Bewegungs- und Spielmöglichkeiten – man denke an die trostlosen genormten Kinderspielplätze vor Häusern, deren Garagen viel mehr gekostet haben als der Spielplatz –, ungeeignete Wohnungen und Möbel, falsche Ernährung, unnütze modische Kleidung, Medienkonsum als Ersatzbefriedigung usw. illustrieren den Widerspruch zwischen dem, was Kinder brauchen und dem, was kapitalistisch produziert wird. Die Konsumeinheit Kleinfamilie erfüllt wichtige ideologische Funktionen, die ihrer Aufhebung als sozioökonomischem Verhältnis, wie dies in den kollektivistisch organisierten Kibbutzim möglich ist, entgegenstehen (zur Familie im Kibbutz siehe Liegle, 1971).

Im Zusammenhang mit der Entwicklung der Studentenbewegung sind Versuche gemacht worden, die Familie abzuschaffen. Die mit politischen Zielen verbundene Perspektive alternativer Formen des Zusammenlebens, die an die Stelle der Kleinfamilie treten können, führte zur Bildung von Kommunen. Ihr Vorbild blieb Episode. Aber auch die Bildung von Wohngemeinschaften ist noch immer relativ selten und bleibt auf wenige Gruppierungen junger Leute – vor allem Studenten – beschränkt. Neben den oben genannten Gründen würde eine weitere Verbreitung solcher Versuche vor allem an den gegebenen Wohnverhältnissen scheitern. Die psychologischen Probleme solcher Formen des Zusammenlebens können hier unberücksichtigt bleiben.[6]

Die Entprivatisierung des Familienverhältnisses durch den Verlust sozialisatorischer Funktionen, aufgrund der Unmöglichkeit, sie als einen Bereich persönlicher Beziehungen gegen die Tauschwertdominanz und die Prinzipien des Erwerbslebens abzuschirmen, hat dazu geführt, daß es die Familie als einen Bereich, der »die Ahnung eines besseren menschlichen Zustandes« bewahrt, kaum noch gibt. Die Eltern können ihren Kindern keine überzeugenden Lebensentwürfe vorleben, weder in einer bürgerlichen noch in einer proletarischen Variante. Mehr als die bewußten Absichten und Methoden verunsicherter Eltern erzieht deswegen die Struktur der Familie den Charakter des Kindes. Obwohl die drei- bis vierköpfige Kleinfamilie im Vergleich zur Familie früherer Zeiten durch intensivere psychische Beziehungen charakterisiert ist, sind doch die affektiven Beziehungen diffuser und die elterlichen Verhaltensweisen widersprüchlicher und unzuverlässiger geworden. Damit konfligieren jedoch die Ansprüche, die an die Familie gestellt werden. Einerseits soll sie noch immer die psychische Regenerierung der Arbeitskraft leisten und durch ihr affektives Klima den Eltern Erholung von den Entbehrungen der rein sachlichen, zweckbeherrschten und affektunterdrückenden Beziehungen ihres Erwerbslebens ermöglichen, bzw. im Falle der Hausfrau der Entbehrungen des Ausge-

6 Bemerkenswert im Hinblick auf die Familie im psychoanalytischen Sinne, d. h. das psycho-sexuelle Verhältnis Familie, ist, daß sich häufig auch in den Wohngemeinschaften eine Art Gruppeninzestverbot beobachten läßt.

schlossenseins vom Erwerbsleben, der Hausarbeit und der Belastungen durch die Betreuung der Kinder. Zu der emotionalen Überforderung der Familie, die sich dadurch ergibt, kommt, daß sie den Kindern psychische Qualifikationen vermitteln soll, die im Erwerbsleben zunehmend an Bedeutung gewinnen. So vor allem psychische Dispositionen wie Leistungsfreude, Konzentrationsvermögen, Fleiß, Ausdauer, Ordnungssinn, geistige Beweglichkeit usw.. Außerdem sind inzwischen wissenschaftliche Erkenntnisse über den Zusammenhang zwischen frühkindlichem Lernen und späterem intellektuellem Leistungsvermögen allgemein bekannt geworden. Viele Eltern trimmen ihre Kinder deswegen schon früh auf Leistung und Konkurrenzorientierung und würden Lehrspielzeug am liebsten schon in den Laufstall legen. Die von Horkheimer beschriebene Verhinderung der kindlichen Individuation wird intensiviert. Bei den Bemühungen um eine in bezug auf gesellschaftliche und schulische Anforderungen funktionale Sozial- und Sachbildung der Kinder kommen die affektiven Bedürfnisse zu kurz oder werden instrumentalisiert. Die pädagogischen Maßnahmen verhindern deshalb oft gerade die Ziele, die sie bezwecken. Die Kinder, die ohnehin die Schwächsten in der Familie sind, wehren sich körperlich und seelisch. Die Zahl der verhaltensgestörten, psychisch und psychosomatisch kranken Kinder nimmt zu.

Die Psychoanalytiker begegnen dem psychischen Elend, das aus dieser Entwicklung resultiert, traditionellerweise nur therapeutisch. Allerdings haben einige, ausgehend von Erkenntnissen psychoanalytischer Pädagogen der zwanziger und dreißiger Jahre, ihre Perspektive vom Individuum auf dessen Familie ausgedehnt. So hat vor allem Horst Eberhard Richter in Anknüpfung an Arbeiten von Steff Bornstein und Dorothy Burlingham die familialen Beziehungen seiner Patienten untersucht (Richter, 1969). Um die wechselseitigen unbewußten psychischen Festlegungen der Familienmitglieder darstellen zu können, bedient er sich des Rollenkonzepts, das hier insofern mit dem ganz anderen theoretischen Konzept der Psychoanalyse vereinbar ist, als die gegenseitigen unbewußten Rollenzuschreibungen pathologische gegenseitige Einengungen sind. Entscheidend an dieser Erweiterung der psychoanalytischen Perspektive ist, daß nicht mehr das Individuum, sondern die Familie als Patient wahrgenommen wird. Man kann darin einerseits eine gewisse Bekräftigung des psychoanalytischen Familialismus sehen, obwohl Heilung nicht unbedingt mit der Erhaltung der Familie gleichgesetzt wird. Andererseits ist der Familialismus für die Psychoanalyse eine Grenze, die sie nicht übersteigen kann, solange sie sich im Rahmen der Freudschen Theorieformulierungen bewegt. Die sozialisatorischen und psychisch belastenden Einflüsse, die die Familie von außen erreichen, können nur als Reflexe in den familialen Beziehungen berücksichtigt werden. Pädagogische Ratschläge der Psychoanalytiker bleiben deswegen häufig an einem konventionellen Bild heiler Familienbeziehungen orientiert, dem das Muster der ödipalen Verlaufsformen bürgerlicher Familien zugrunde liegt. Zwar wird der Psychoanalytiker im Einzelfall zum Beispiel die Berufstätigkeit einer Mutter befürworten, wenn sich die dadurch gewonnene Befriedigung positiv auf die Mutter-Kind-Beziehung auswirkt, aber generell wird er es für das beste halten, wenn es Müttern gelingt, ihre größere Befriedigung in der Pflege ihres Kindes zu finden.

Der Konservativismus psychoanalytischer Ratschläge bezüglich familialer Beziehungen ist insofern ärgerlich, als er theoretisch nicht begründet werden kann und damit einer Kritik ausgesetzt ist, die ihrerseits dem wahren Kern dieses Konservativismus nicht gerecht wird. In soziologischer Perspektive wird der Familie leicht alles das als Schwäche bzw. als »Sozialisationsmängel« angekreidet, was sie an sozioökonomischen Erfordernissen nicht sicherstellt. So wird z. B. folgende Gegenüberstellung vorgenommen:

»Mit den Familienrollen wird der Jugendliche nur auf ein Wertsystem unserer hoch komplexen Gesellschaft vorbereitet, in dem familialistische Werte wie Harmonie, Vertrauen, Solidarität etc. dominieren und in dem die zwischenmenschlichen Beziehungen vergleichsweise emotional und umfassend sind. Dazu steht in gewissem Spannungsverhältnis der öffentliche Leistungsbereich, der auf das zweckrationale Funktionieren von Betrieben, Verwaltungen und Verbänden ausgerichtet ist. In ihm werden Sachlichkeit, Gefühlsaskese und spezialisierte Leistungen gefordert und die sozialen Beziehungen stärker nach formellen und instrumentellen Gesichtspunkten organisiert.« (Wurzbacher/Cyprian, 1975, S. 35 f.)

Als Sozialisationsmängel der Familie erscheinen dann, daß die Familie nicht genügend auf die Arbeits- und Berufswelt vorbereitet bzw. dafür nicht qualifiziert und die kognitive Entwicklung des Kindes nicht genügend fördert. »Die Kleinfamilie vereinfacht also auch die kognitiven Sachverhalte, schirmt sich von fundamentalen Konflikten der Gesellschaft ab und bewahrt sich vielmehr ein affektives, emotionales und an familialistischen Kriterien ausgerichtetes Klima« (a.a.O., S. 44). Die sogar vom Arbeitsplatz und anderen genuin politischen Bereichen so rigoros verbannte Politik soll andererseits in der Familie ihren Platz haben. Kurzum, man sollte der Familie »von ihrem sich dem öffentlichen Raum weitgehend verschließenden Privatismus sich befreien helfen«. In solchen Empfehlungen ist nichts mehr von der Erkenntnis übrig, daß die Familie einst auch die Ahnung eines besseren menschlichen Zustandes bewahrte. Davon geht jedoch noch etwas in den Konservativismus der Psychoanalytiker ein. In der Psychoanalyse wird dem leidenden Individuum auch gegen gesellschaftliche Unzumutbarkeiten zu seinem Recht verholfen. Nur in dieser Perspektive könnte geklärt werden, inwieweit nicht unsere von der Mehrwertrealisierung determinierte wirtschaftliche Entwicklung längst zu gesellschaftlichen Entwicklungstendenzen geführt hat, die in der psychischen Entwicklung der Kinder unbewältigbare Widersprüche verursachen und auch bei Erwachsenen die Befriedigung psychischer Grundbedürfnisse verhindern. (Immerhin haben sich in der Bundesrepublik im Jahre 1974 fast soviel Menschen selbst umgebracht wie es Verkehrstote gegeben hat [Frankfurter Rundschau 1. 2. 78].)

Es ist nicht überraschend, wenn Psychoanalytiker, bei denen familialistische Beziehungsfähigkeiten zu den Grundlagen ihrer beruflichen Qualifikation gehören, familialistische »Werte« gegen die des öffentlichen Leistungsbereichs geltend machen. Die umstandslose Funktionalisierung der Familie im Sinne des Erwerbslebens hat psychologische Folgen, die pädagogisch und therapeutisch langfristig nicht mehr aufgefangen werden können. Der »Abwärtsspirale verunsicherter Elternschaft« (Benedek) entspricht zunehmend die Fähigkeit, die väterlichen und mütterlichen Funktionen zu erfüllen. So wirft z. B. der gutgemeinte Ratschlag, durch staatliche Maßnahmen sollte eine Entlastung der Mutter von ihren familiären und erzieherischen Aufgaben erreicht werden, sofort die Frage auf, wer diese Funktionen übernehmen kann. Mütterlichkeit ist keine beliebig zur Verfügung stehende Ressource, sondern ein Produkt von Erfahrungen mit Mütterlichkeit.

»Selbst erlebte Mütterlichkeit ist der sicherste Nährboden für den Keim der Mütterlichkeit, der in den Mädchen schlummert. Zum vollen Erlebnis der eigenen Mutter gehört aber, daß sie für die Kinder wirklich da ist, nicht den größten Teil des Tages durch Berufsarbeit vom Haus ferngehalten wird. Unsere statistischen Daten sprechen eine deutliche Sprache, indem sie klar und eindeutig einen Zusammenhang aufzeigen zwischen der Nichterwerbstätigkeit der Mutter und der Wahl des mütterlichen Berufs der Kindergärtnerin durch die Töchter. Wollen wir also Kindergärtnerinnen haben, brauchen wir vor allen Dingen Mütter, die voll und ungeteilt Mütter sind, Mütter, die es verstehen, ihren Kindern eine frohe, glücklich geborgene Jugendzeit zu schenken, und die in dieser Aufgabe eine wesentliche Erfüllung ihres Daseins sehen.« (Kietz, 1966, zitiert nach Heinsohn/Knieper, 1974, S. 220)

Dieses Problem existiert unabhängig von der Frage, ob auch Männer mütterliche Funktionen übernehmen können. Die Frauen stellt es vor allem vor die Frage, wie die Gesellschaft organisiert sein müßte, in der Mütterlichkeit und Frauenemanzipation miteinander vereinbar sind. Antworten darauf sind unvermeidlich mit der Forderung nach grundlegenden gesellschaftlichen Veränderungen verbunden und eröffnen die Perspektive, in der die Forderung nach Gleichberechtigung der Geschlechter nicht mit der Forderung nach Gleichheit verwechselt zu werden braucht.

Erziehung zur Gemeinschaftsfähigkeit

Auch aus der Sicht der Psychoanalyse ist ab einem gewissen Stand der psychischen Entwicklung des Kindes seine Erziehung in der Gruppe eine durchaus nützliche Ergänzung der familialen Erziehung. Verzogene Einzelkinder illustrieren häufig, daß nicht nur im Licht gesellschaftlicher oder politisch erwünschter Erziehungsresultate, wie kooperativem und solidarischem Verhalten, die Erziehung zur Gemeinschaftsfähigkeit ein wichtiger Aspekt jeder Erziehung ist. Abgesehen von der wachsenden Zahl von Einzelkindern und der Tatsache, daß vier von zehn Müttern mit Kindern unter fünfzehn Jahren einer Erwerbstätigkeit nachgehen, gewinnt dieser Aspekt vor allem durch den raschen Ausbau der Vorschulerziehung, die heute schon mehr als 40% der 3–6jährigen Kinder in der Bundesrepublik erfaßt, an Bedeutung (siehe Pieper, 1970 und Heinsohn/Knieper, 1974, S. 200). Daneben wäre auch die Tendenz zu nennen, daß immer jüngere Kinder in Krabbelstuben betreut werden oder beispielsweise die große Resonanz, die das Modellprojekt Tagesmutter gefunden hat, das vom Bundesfamilienministerium gefördert wird.

Die ökonomischen und politischen Determinanten dieser Entwicklung, insbesondere die Ausdehnung des staatlichen Einflusses auf die vorschulische Erziehung, aber auch schichtenspezifische Unterschiede, müssen hier vernachlässigt werden. Im Hinblick darauf, daß bei der teilweisen Auslagerung der frühkindlichen familialen Sozialisation in andere Institutionen die Bedürfnisse der Kinder bisher den geringsten Ausschlag gegeben haben, soll hier kurz referiert werden, was an wichtigen psychoanalytischen Erkenntnissen über die Erziehung des Kindes in der Gemeinschaft vorliegt. Ganz am Anfang der kindlichen Entwicklung ist die Beziehung des Säuglings zur Mutter noch keine Objektbeziehung, sondern eher eine Art »Gemeinschaftsrelation«, in der die objektlose fötale Situation psychisch fortgesetzt wird und aus der heraus sich erst eine Paar-Relation entwickelt. Das kleine Kind, das in den frühen von Trieb- und Körperbedürfnissen bestimmten Objektbeziehungen sein Ich erwirbt, ist anfänglich dementsprechend extrem selbstbezogen.

»Es ist das Kind gerade in jenen ersten Jahren, welche später von der Amnesie verhüllt werden, das diesen Egoismus häufig in extremer Ausprägung zeigt, regelmäßig aber deutliche Ansätze dazu oder richtiger Überreste davon erkennen läßt. Das Kind liebt eben sich selbst zuerst und lernt erst später andere lieben, von seinem Ich an andere opfern. Auch die Personen, die es von Anfang an zu lieben scheint, liebt es darum, weil es sie braucht, sie nicht entbehren kann, also wiederum aus egoistischen Motiven. Erst später macht sich die Liebesregung vom Egoismus unabhängig. Es hat tatsächlich am Egoismus lieben gelernt.« (Freud, 1917, S. 208f.)

Von Geschwistern oder vergleichbaren Dritten nimmt das Kind erst Notiz, wenn seine Mutterbeziehung als Paarbeziehung voll hergestellt ist. Seine anfängliche Unfähigkeit zu lieben und sein Egoismus verursachen häufig Konflikte in der Kinderstube. Der Mechanismus, durch den das von Rivalität und Eifersucht bestimmte feindselige Gefühl in ein »soziales Gefühl«, d. h. in »eine positiv betonte Bindung von der Natur einer Identifizierung« verwandelt werden kann, beschreibt Freud folgendermaßen: Insofern die Eltern alle ihre Kinder in gleicher Weise lieben und das Kind an seiner feindseligen Einstellung zu den Geschwistern nicht ohne eigenen Schaden festhalten kann, wird es zur Identifizierung mit den anderen Kindern gezwungen. Es entsteht ein Massen- oder Gemeinschaftsgefühl, das sich in der Schule weiterentwickelt.

»Die erste Forderung dieser Reaktionsbildung ist die nach Gerechtigkeit, gleicher Behandlung vor allem. Es ist bekannt, wie laut und unbestechlich sich dieser Anspruch in der Schule äußert. Wenn man schon selbst nicht der Bevorzugte sein kann, so soll doch wenigstens keiner von allen bevorzugt werden«. In dieser Gleichheitsforderung sieht Freud die Wurzel des sozialen Gewissens und des Pflichtgefühls. »Soziale Gerechtigkeit will bedeuten, daß man sich selbst vieles versagt, damit auch die anderen drauf verzichten müssen, oder, was dasselbe ist, es nicht fordern können« (Freud, S., 1921, S. 134).

Die Frage nach dem Nutzen oder Schaden von Erziehung zur Gemeinschaftsfähigkeit ist nicht absolut, sondern jeweils in bezug auf den Stand der psychischen Entwicklung des Kindes zu beantworten. Wie groß die Entfernung zwischen Mutter und Kind werden darf und wie weitgehend das Kind in ein außerfamiliales Gruppenleben einbezogen werden kann, hängt von dem Stand der Entwicklung seiner Objektbeziehungen ab. Anna Freud unterscheidet in der Entwicklung vom Egoismus bis zur Teilnahme an einer Gemeinschaft vier Stadien (Freud, A., 1968, S. 80ff.): im ersten Stadium der Mutter-Kind-Einheit ist das Kind noch asozial. Andere Kinder stören. Im zweiten Stadium, das ungefähr mit 16 Monaten beginnt und bis zum zweiten Lebensjahr dauert, werden andere Kinder als Gegenstand der Neugier interessant. Das Kind behandelt Gleichaltrige in diesem Zeitraum weniger als Menschen als vielmehr so, wie es auch seine Spielzeuge, seinen Teddybären oder anderes behandelt. Danach, wenn das Kind eine Objektbeziehung im eigentlichen Sinne aufgenommen hat, d. h. wenn seine Libidobesetzung von Bedürfnisbefriedigung unabhängig wird und konstant auf eine Person gerichtet bleibt, werden andere Kinder als Spielgefährten interessant. Das kann zunächst als Interesse am selben Spielzeug beginnen, danach werden jedoch kooperative Spiele mit gemeinsamem Ziel möglich. Die Beziehung endet jedoch mit der Erreichung des Zieles. Zu diesem Zeitpunkt kann eine Trennung von der Mutter allmählich einsetzen. Wenn schließlich das Kind die ambivalenten Beziehungen der analsadistischen Phase, in der Libido und Aggression auf das gleiche Objekt gerichtet werden, erreicht hat, ist es imstande, Freundschaft zu schließen oder u. U. auch fähig, eine führende Rolle zu spielen. Es ist reif für den Kindergarten.

Im engeren Sinne gemeinschaftsfähig wird das Kind jedoch erst, wenn es imstande ist, seine libidinösen Besetzungen zum Großteil von den alten abzuziehen und auf gleichaltrige oder andere Erwachsene, auf Lehrer, Gruppenführer, Idealfiguren und auf persönliche Ideale, auf zielgehemmte und sublimierte Interessen zu richten. Diese Fähigkeiten entwickelt es in der Latenzperiode. Die Ansicht, Mutter und Kind sollten solange wie möglich ungetrennt beieinander bleiben, ist demnach ebenso richtig oder falsch, wie die Ansicht, das Kind solle so früh wie möglich aus dem Haus, um mit Gleichaltrigen zusammen zu sein (Freud, A., 1962). Angesichts der zunehmenden Auslagerung der frühkindlichen Sozialisation aus der Familie, dürfte aber vor allem letzterer Aspekt das aktuelle Problem sein, d. h., daß Kindern die Umwandlung ihrer egoistischen und feindseligen Gefühle gegenüber anderen Kindern in eine positive Bindung zu früh zugemutet wird. Das kleine Kind kann seine egozentrische Einstellung erst allmählich aufgeben. Auch im größeren Kreis sucht es zunächst die Einzelverbindung. Wo sehr früh ungewöhnliche soziale Gefühle, Selbstverleugnung und Allgemeininteresse feststellbar sind, handelt es sich häufig um eine Überkompensierung asozialer Tendenzen.

Wenn die Einübung des Kindes in Gruppenbeziehungen nicht zu früh erfolgt, können andererseits ihre Vorteile zur vollen Wirkung kommen. Nelly Wolffheim hat sie in bezug auf den Kindergarten zusammengefaßt: »Wir lernten die Notwendigkeit der Ablösung von zu enger Familienbindung kennen, wir fanden die Werte des Zusammenlebens mit anderen Kindern und die Erleichterung der Anpassung an die Realität durch das Hineinführen des Kindes in eine erweiterte Gemeinschaft. Es wurde beschrieben, daß es Aufgabe des Kindergartens ist, dem Kinde Sublimierungsmöglichkeiten und Ersatzbefriedigungen für Triebverzichte zu schaffen.« (1966, S. 134) Die außerfamiliale frühkindliche Sozialisation kann also nur Korrektur und Ergänzung zur familialen Sozialisation sein, aber sie kann nicht an deren Stelle treten. Denn die Gefühle, die Kinder im Gruppenleben gegenüber Altersgenossen empfinden, können die Gefühle nicht ersetzen, die es normalerweise in der Beziehung zu den Eltern entwickeln würde. Die Anerkennung des günstigen erzieherischen Einflusses, den Gruppenerziehung haben kann, ändert nichts an der Grundvoraussetzung, »daß die Entwicklungsbedingungen für das Kind dort am besten sind, wo eine vollzählige Familie ihren Einfluß mit Verständnis, Einfühlung unf Toleranz geltend macht« (Goldstein u. a., 1974, S. 21).

Inwieweit die familiale frühkindliche Sozialisation durch außerfamiliale ergänzt werden kann, hängt u. a. auch davon ab, inwieweit sie an den familialen Erfahrungen des Kindes ansetzt und diese erweitert. Dabei spielt die Fähigkeit der Erzieher, die kindlichen Bedürfnisse zu verstehen und zu befriedigen, eine große Rolle. In diesem Zusammenhang ist an den oben erwähnten Verlust an Mütterlichkeit und Väterlichkeit zu erinnern. Ein prinzipielles Problem ergibt sich in unserer Gesellschaft vor allem dadurch, daß der Erzieher als Lohnerzieher an der kindlichen Entwicklung prinzipiell uninteressiert sein kann und zur Schonung seiner Arbeitskraft bis zu einem gewissen Grad auch sein muß. Dieses Problem hat angesichts der Ausdehnung der Lohnerziehung in jüngster Zeit erheblich an Bedeutung gewonnen, ist aber schon sehr früh erkannt worden.[7] Andererseits gilt heute im Versorgungsstaat auch für Eltern, daß sie von ihren Erziehungserfolgen materiell unabhängig sind. Der soziale Erfolg der Kinder spielt für die Zukunft der meisten Eltern – ihre Altersversorgung, Erben, Fortsetzung des eigenen Lebenswerkes usw. – keine Rolle mehr. Daraus läßt sich jedoch nur ein prinzipielles Desinteresse auch der Eltern an ihren Kindern schließen, wenn man psychische Dispositionen als unmittelbare Folgen der ökonomischen und gesellschaftlichen Voraussetzungen denkt. Selbst im Hinblick auf Lohnerzieher wäre zu berücksichtigen, was bei den Eltern unzweifelhaft ist: soweit überhaupt affektive Beziehungen zwischen Erzieher und Kindern entstehen, entwickeln sich diese zwar beeinflußt durch die objektiven ökonomischen, gesellschaftlichen und institutionellen Voraussetzungen, aber doch nach psychologischen Gesetzmäßigkeiten. Im Vergleich zu Eltern der patriarchalischen Familie haben individualistisch eingestellte Eltern der Kleinfamilie heute zwar weniger objektiv begründete Interessen an ihren Kindern, aber andererseits leben sie mit diesen aus objektiven Gründen länger und enger zusammen als je zuvor. Die Psychopathologie der heutigen Familie drückt kein Desinteresse der Eltern an den Kindern aus, sondern vielmehr, daß enge psychische Beziehungen zustande kommen, aber in pathologisch verzerrter Weise. Es gibt genügend Hinweise dafür, daß die Entwicklung der Kinder für die Erhaltung des Selbstwertgefühls der Eltern an Bedeutung gewonnen hat. Außer den Kindern gibt es heute ohnehin kaum noch etwas, was bei einem durchschnittlichen Lohnabhängigen in irgendeiner Form die Zukunft oder eine Fortsetzung des eigenen Lebens über den Tod hinaus repräsentieren könnte.

---

7 Dieses Problem hat vor allem Heinsohn mehrfach hervorgehoben; vgl. dazu Bader 1978. Im Hinblick auf die oben zitierte Bemerkung ließe sich Plutarch zitieren, um zu zeigen, daß das Problem nicht ganz neu ist: »Die Liebe von Ammen und Erzieherinnen ist unecht und gezwungen, denn sie lieben für Lohn. Die Natur selbst lehrt uns aber, daß Mütter die von ihnen geborenen Kinder selbst stillen und versorgen sollten, denn bei jedem Lebewesen, das Junge zur Welt bringt, stellt sie die notwendige Versorgung mit Milch sicher,« (zit. nach Kessen 1965, S. 2).

Die Psychoanalytische Pädagogik und die Schule

Die Erziehung in der Schule ist von den meisten psychoanalytischen Pädagogen vorwiegend in familialistischer Perspektive betrachtet worden. Sie untersuchten, welche Veränderungen sich in der Schule für die psychologischen Erwachsenen-Kind-Beziehungen ergeben, wie sie in der Familie zustande kommen und welche besonderen pädagogischen Probleme dabei auftreten. Einige von ihnen beschäftigten sich, wie wir bereits erwähnt haben, auch mit Gruppenprozessen in der Schulklasse und versuchten, die Erkenntnisse der Massenpsychologie für die Schule nutzbar zu machen. Bernfeld ist der einzige, der beide Aspekte berücksichtigt hat und darüber hinaus seine Untersuchungen auf den Rahmen objektiver Bedingungsfaktoren schulischer Erziehung ausgedehnt hat. Darin sind seine scharfsinnigen Überlegungen vorbildlich und bezeichnen den Punkt, an dem eine psychoanalytische Pädagogik heute anzuknüpfen hätte, zumal wesentliche Teile seiner systematischen Reflexionen zum Verhältnis Erziehung und Gesellschaft noch unverändert Gültigkeit beanspruchen können.

Stärker noch als in der Familie wird in der Schule ein Grundzug erkennbar, der jede Erziehung in Klassengesellschaften determiniert. Bernfeld beschreibt den Sachverhalt so: Eine ungleiche Verteilung dessen, was in einer Gesellschaft erwirtschaftet worden ist, d. h. »gesellschaftlich verankerte Aufgaben des einen Individuums an ein anderes, die nicht in Liebe begründet wären, also Ausbeutung durch Herrschaft, ist eine Gesinnungsform, eine Wirtschaftsweise, die der biopsychischen Struktur fremd ist, die, wo immer sie besteht, dem Kulturplus angehört. Dieses der Kindheit zu vermitteln, die ohne solche Vermittlung die nötigen Verhaltensweisen nicht annehmen, deren Formulierung in Rechten, Sitte, Religion nicht kennenlernen würde, ist eine Funktion der Erziehung« (Bernfeld, 1925, S. 93 f.). In zwei Grenzfällen wird sie aber zur wichtigsten Funktion der Erziehung. Einmal in Gesellschaften, in denen die Wirtschaftsweise einer langjährigen, speziellen Vorbereitung bedarf. Bernfeld nennt als fiktives Beispiel eine Gesellschaft, in der die Menschen bald zugrundegehen müßten, wenn nicht alle ihre Erwachsenen 5000 Bücher auswendig können. In der Erziehung einer solchen Gesellschaft müßte dann bei der Vermittlung des »Kulturplus« dieses eine Element besonders hervorgehoben und gegebenenfalls auf Kosten der anderen durchgesetzt werden. In unserer Gesellschaft gibt es jedoch nur ganz wenige, ökonomisch sehr unwichtige Berufe, die eine solche spezielle Vorbereitung in der Kindheit voraussetzen. Der zweite Fall, in dem die Vorbereitung für die Wirtschaftsfähigkeit zu den zentralen Funktionen der Erziehung der Kinder gehört, d. h., in denen die Wirtschaftsweise zu jenen Elementen des Kulturplus gehört, deren Erreichung zur tragenden Funktion der Erziehung geworden ist, ist der unserer Gesellschaft, in der die Wirtschaftsweise durch Macht, durch Herrschaftsverhältnisse bestimmt ist. In der Klassengesellschaft ist es die »Tendenz« der Erziehung, die Macht der herrschenden Klasse zu sichern. D. h. von Tendenz ist genaugenommen erst dann zu sprechen, wenn die Klassenherrschaft bedroht ist und das »unterstrichene Realitätsprinzip« der Pädagogik dem gegensteuern soll. Die wichtigste Grenze der Erziehung ist deshalb die gesellschaftliche.

Aus der systemischen Perspektive Bernfelds wird deutlich, daß jede Erziehung in bezug auf die erziehende Gesellschaft konservativ organisiert, bzw. in bezug auf die Machttendenzen der erziehenden Gruppe »intensivierend (ausbreitend, vermehrend)« ist. Von daher ergibt sich: »nicht die Pädagogik baut das Erziehungswesen, sondern die Politik. Nicht Ethik und Philosophie bestimmen das Ziel der Erziehung nach allgemein gültigen Wertungen, sondern die herrschende Klasse nach ihren Machtzielen.« (Bernfeld, 1925/1928, S. 468 f.) Auf eine detaillierte Wiedergabe seiner Erörterungen der objektiven Seite dieses Aspekts können wir hier verzichten. Es gibt inzwischen dazu eine ganze Reihe von Untersuchungen, über die politische Ökonomie des Bildungswesens, die Erziehung in der Klassengesellschaft, die Rollenzwänge in der Institution Schule u. a., in denen die aktuelle Bedeutung dieser Fragen diskutiert wird (siehe z. B. Beck, 1974; Combe/Petzold, 1977).

Indem Bernfeld die Freudsche Erkenntnis, daß alle Erziehung parteilich ist, in bezug auf das Verhältnis Erziehung und Gesellschaft in der kapitalistischen Gesellschaft seiner Zeit präzisiert, gelangt er zu Einsichten, die ihn dazu führen, den Einfluß des einzelnen Lehrers erheblich geringer einzuschätzen als die meisten anderen psychoanalytischen Pädagogen. Ähnlich wie Horkheimer, der die ausschlaggebende Wirkung der Familienstruktur für die familiale Erziehung hervorgehoben hat, zeigte Bernfeld hinsichtlich der Schule, wie in dieser Institution sich ihre dominierende gesellschaftliche Funktion letztlich durchsetzt. Nicht die Inhalte, die gelernt werden, noch die Erzieher, die sie vermitteln, sind erzieherisch ausschlaggebend. »Bei jedem Lehrplan entscheidet nur der Stil der Schule, die Disziplinführung in ihr, die Gesinnung der Erziehung«, und »die Wirkung des einzelnen Lehrers ist sehr gering, die Nachhaltigkeit seiner Lehren am geringsten, das System erzieht, wenn nötig gegen ihn« (Bernfeld, 1928, S. 421).

Obwohl Bernfeld sieht, daß die Politik das Erziehungswesen »baut«, geht er über die prinzipiell richtige Erkenntnis, daß Erziehung in der Klassengesellschaft immer herrschaftskonform wirken muß, nicht hinaus auf die Frage ein, inwiefern Verschiebungen in den Klassenverhältnissen bzw. in den politischen Kräfteverhältnissen dazu führen können, daß die herrschende Tendenz nicht unbestritten bleibt und wichtige Korrekturen erfahren kann. Diese Frage, inwieweit Erziehung als unterstrichenes Realitätsprinzip, d. h. Erziehung durch pädagogisch geschaffene Realität, auch Möglichkeiten bietet, in gesellschaftsverändernder Weise auf die gesellschaftliche Realität zurückzuwirken, wäre jeweils unter den konkret gegebenen Umständen zu beurteilen. Dies gilt sowohl für die Möglichkeiten der Lehrer, als auch für die möglichen Folgen der Vermittlung von fortschrittlichen Bildungsinhalten. Bei Bernfeld kommt dieser Aspekt zu kurz.

Die dominierende Tendenz der Institution Schule wirkt sich auf der Ebene der personalen Beziehungen in vielfältiger Weise aus. Bernfeld zeigt, wie sie im Schulsystem als strukturelle Gewalt wirkt, aber nicht offen zutage liegt und von Lehrern und Schülern meist nicht durchschaut wird. So geraten die Lehrer z. B. in die Gefahr, ihre Kräfte im Kampf um fortschrittlichere Inhalte oder um pädagogisch didaktische Vorgehensweisen zu verschleißen. Der herrschenden Klasse empfiehlt Bernfeld in diesem Sinne, immer wieder neue Revolutiönchen zu machen. Die Lehrer, die sich dann jahrelang mit den besten Absichten z. B. um die Frage »Schiefer oder Papier für Schulanfänger« streiten, werden von den entscheidenden Fragen abgelenkt. Dies geschieht auch durch die rigorose Trennung des schulischen Lernens von dem Bereich der Produktion und vom übrigen gesellschaftlichen Leben. Was gelernt wird, ist gesellschaftlich völlig abstrakt und unabhängig von den gesellschaftlichen Lebensbedürfnissen und Erfahrungen der Schüler. Diese müssen deswegen ständig künstlich motiviert werden. Die Mühe, die sie beim Lernen empfinden, steht in keinem einsehbaren Verhältnis zur Art der Tätigkeit, diese hat keinen in ihr liegenden Zweck. Schul- und Bücherwissen werden über alles hoch- und jenseits jedes Zweifels gestellt (Bernfeld, 1925, S. 105). Auf die psychischen und physischen Bedürfnisse der Kinder wird dabei wie auch später bei den Lohnabhängigen im Erwerbsleben wenig Rücksicht genommen. So werden die Kinder z. B. zu einer Bewegungslosigkeit und Ruhe angehalten, die ihnen umso schwerer fällt, je jünger sie sind. Strenge Disziplin und die Einhaltung bestimmter Zeremonien gehören ebenso dazu wie Schönschreiben oder ähnliches.

»Eine wirklich raffinierte Qual ist das Schreiben und Lesen in einem Tempo, das genauest vom Lehrer vorgeschrieben wird. Die hier geforderte Leistung macht dem Kind noch als solche erhebliche Schwierigkeiten und jetzt wird auch noch der zeitliche Ablauf vorgeschrieben«. Indem dem Kind die eigene freie Verfügung über seine motorischen Aktionen entzogen wird, wird sein Wille gebrochen. Denn »beim Kind ist der Wille nicht eine geistige Kraft, die sich dem Gegner entgegenstellen kann, Willensimpuls und motorische Aktion sind eine Einheit und die erzwungene Bindung der Bewegung zerstört den Aufbau des Willens« (Peller, 1933, S. 106 f.). Die Organisationsprinzipien der Schule sind darin denen der materiellen Produktion angepaßt. »Fremdbestimmte Arbeits- und Interaktionsformen, die Bedürfnisse, Individualität und Spontaneität negieren, Gleichgültigkeit gegenüber dem Inhalt der Arbeit, repressive Kollektivität, deren Misere noch durch Konkurrenzstrukturen potenziert wird, bestimmen die Schulrealität. Was die Produktionseinheiten kennzeichnet, hat seine Vorstufe in der Schule und in bereits verhärteten Familienstrukturen« (Vinnai, 1976, S. 93). Die offizielle Erziehung nimmt immer mehr Merkmale der industriellen Produktion an. »Dies gilt in vierfachem Sinne: es betrifft erstens den Vormarsch des technologischen Denkens, zweitens die Verwechslung von Zielen und Mitteln, drittens das Problem des pädagogischen Mehrwerts, viertens die Fixierung von Rollen.« (Kupffer, 1974, S. 17)

Bernfelds Einsicht, daß das System in der schulischen Erziehung den Ausschlag gibt, konnte damals noch nicht angemessen mit der (familialistischen) Analyse der psychologischen Lehrer-Kind-Beziehungen vermittelt werden. Die meisten psychoanalytischen Pädagogen beschränkten sich auf die Analyse von Objektbeziehungen, Übertragungs- und Identifikationsprozessen. Ihr Verständnis dieser psychologischen Prozesse in Paarbeziehungen führte sie dazu, dem Unbewußten des Erziehers auch in der schulischen Erziehung eine überragende Bedeutung zuzumessen. Sie schätzten dementsprechend den Einfluß des einzelnen Lehrers auf das Kind sehr hoch ein: »Das Kernproblem des seelischen Gesundheitsschutzes ist die seelische Gesundheit des Lehrers« (Zulliger, zitiert nach Meng, 1961, S. 167). Aufgrund dieser Einschätzung beachteten sie im Unterschied zu den pädagogischen Psychologen der Gegenwart stets die psychischen Bedürfnisse, Gefährdungen und Belastungen des Lehrers.

Soweit zwischen dem Lehrer und den Kindern Beziehungen entstehen, setzt er psychologisch das Werk der Eltern fort. Das Kind bringt dem Lehrer Gefühle entgegen. Es »wird den Erzieher lieben (oder hassen und lieben), wie es Vater oder Mutter liebt oder liebte. Es bringt ihm stürmisch, hartnäckig und, wenn es sein muß, verschlagen die Wünsche entgegen, die es zu ihnen hegte, und wird sich getrieben sehen, das Schicksal zu wiederholen, das sie damals erfuhren.« (Bernfeld, 1925, S. 140) Freilich gewinnen diese ödipalen Beziehungen in bezug auf den Lehrer einen unpersönlicheren, förmlicheren und weniger individuellen Charakter. Das Kind ist eines unter vielen. Die libidinösen Beziehungen werden in sublimierter und abgeschwächter Weise in Formen gebracht, die den offiziellen und den mehr oder weniger heimlichen Lehrplänen entsprechen. Fürstenau hat zusammenfassend dargestellt, in welcher Weise die schulischen Interaktionsformen ritualisiert, uniformiert und kontrolliert sind und welche psychologischen Implikationen sich aus der Lehrerrolle ergeben (Fürstenau, 1964).

Dem Lehrer bleibt trotz der besonderen Voraussetzungen der schulischen Beziehungen nichts anderes übrig, als so oder so auf die psychischen Appelle des Kindes zu reagieren. In der Übertragungssituation, wie sie sich durch den engen täglichen Kontakt mit dem Kind herstellt, wird seine eigene frühkindliche Vergangenheit wiederbelebt. »Er ist in der Paargruppe zweimal enthalten, als Kind und als Erzieher ... So steht der Erzieher vor zwei Kindern, dem zu erziehenden vor ihm und dem verdrängten in ihm, er kann gar nicht anders als jenes zu behandeln, wie er dieses erlebte ... Und er wiederholt den Untergang des eigenen Ödipuskomplexes am fremden Kind, an sich selbst. Er wiederholt es auch dann, wenn er scheinbar das Gegenteil all dessen tut, was ihm seine Eltern antaten« (a.a.O., S. 140f.). Von daher ergibt sich ein Kriterium für die Beurteilung, ob seine Grundhaltung eher fortschrittlich oder konservativ ist, je nachdem, ob er sich stärker mit den Eltern oder mit dem Kind identifiziert.

Ausgehend von dieser Beschreibung der Übertragungsbeziehung zwischen Lehrer und Kind wird leicht verständlich, welchen enormen psychischen Belastungen Lehrer ständig ausgesetzt sind. Allein schon die alltägliche Konfrontierung mit dem normalen Verhalten der Kinder, mit ihren noch relativ ungehemmten Äußerungen, mit den altersspezifischen Äußerungen und Wiederbelebungen ihrer präödipalen und ödipalen Bedürfnisse und Probleme – von Problemkindern bzw. in der Sprache der Psychoanalytischen Erzieher von Kinderfehlern ganz abgesehen, – ist dazu geeignet, im Lehrer permanent die eigenen unbefriedigend gelösten Probleme seiner Kindheit aufzustören. Der Lehrer gerät dadurch dauernd in Verführungssituationen, in denen er Gefahr läuft, auf frühere Stadien seiner psychischen Entwicklung zu regredieren, seine Elternkonflikte zu wiederholen oder in der Beziehung zu den Kindern libidinöse Wünsche befriedigen zu wollen. »Kindliche Phantasien, Gefühle und Wünsche eigener Macht und der Macht der Eltern werden leicht (unbewußt) im Umgang mit den Kindern reaktiviert und nicht selten wegen der Unterlegenheit des kindlichen Partners fast ungehindert ausgelebt.« (Fürstenau, 1964, S. 68) In der Abwertung des Lehrers als einem Steißtrommler und erotischem Kastraten wird diese Problematik angesprochen (Müller, 1958). Zwar kann die Ausübung der Autorität, die der Lehrer von seiner Rolle her besitzt, auch eine Art Selbstschutz vor den psychischen Gefährdungen sein, die ein verständnisvolles Eingehen auf die Kinder mit sich bringt. Die Karikatur des Lehrers verweist jedoch vielmehr darauf, daß er sich in einer »Zwangswelt« verhalten muß. Er muß Affektunterdrücker sein, um die Kinder nach Maßgabe eines festen Stundenplans und des vorgegebenen Lehrplans zu Aufmerksamkeit, Lernbereitschaft und ruhigem Verhalten zu zwingen. Je größer die Klasse ist, umso unvermeidlicher muß er Verhaltensweisen übernehmen, die denen eines Zwangscharakters entsprechen. Dazu gehören typischerweise neben der Trieb- und Affektunterdrückung Kleinkrämerei, formalistische Einengung von Spontaneität und Kreativität, Verschiebung auf Kleinstes (belanglose Kleinigkeiten führen aufgrund des psychischen Drucks zu unangemessenen Reaktionen, die den Lehrer in einen Kreislauf von

Wutausbruch/Schuldgefühl/Mitleidsreaktion/Wutausbruch/Schuldge-
fühl/Mitleidsreaktion verstricken) und Einteilung des Lebendigen nach
starrem Stundenplan. »Er muß, ob er will oder nicht, in gewissem Maß immer den Polizisten spielen« (a.a.O., S. 256).

Die Gefühlsbeziehungen, die aus der Übertragung entstehen, können ihn
zusätzlich in Schwierigkeiten bringen, wenn zwischen seiner positiven
Bindung an die Kinder und seinen Rollenzwängen Konflikte entstehen.

»Die Liebesbeziehung zu den Schülern, die trotz der vielen erschwerenden Umstände allmählich zustandekommt und die dem Lehrer so bitter notwendig ist, muß
am Ende von ihm selbst verleugnet werden, indem er die Kinder nach Teilaspekten
beurteilt und verurteilt. Dies zu wissen schmerzt und stört die Ruhe des Lehrers.
Deshalb geben viele – ohne daß sie es merken – die eigenen Beurteilungen der Kinder
zugunsten der rein schulischen auf. Sie identifizieren sich aus Selbstschutz und Be-
quemlichkeit mit dem ganzen Prüfungs- und Bewertungssystem. Das bedeutet aber
nichts anderes, als eine geistige Selbstverstümmelung, ein sacrificium intellectus und
affectus« (a.a.O., S. 257).

Befriedigen kann der Lehrer dagegen relativ leicht seine narzißtischen
und exhibitionistischen Bedürfnisse, als der stets Überlegene, der schon alles weiß und alles kann. Freilich wird ihm diese Befriedigung nur »in kindlicher Währung« ausbezahlt, in der Welt der Erwachsenen gilt sie nichts.
Für sein Ansehen in der Öffentlichkeit ist seine fachwissenschaftliche, nicht
seine erzieherische Qualifikation ausschlaggebend. »So genießt Unter-
richts- und Erziehungsarbeit eine desto geringere soziale Schätzung, je jünger die Erziehungsobjekte sind« (Peller, 1933, S. 107). An dieser Einschätzung hat sich bis heute nichts geändert, obwohl die schädlichen Folgen
erzieherischen Fehlverhaltens offensichtlich umso größer sind, je jünger die
betroffenen Kinder sind.

Untersuchungen haben ergeben, daß häufig gerade solche Menschen den
Beruf des Erziehers anstreben, die aufgrund ihres eigenen Psychoinfantilis-
mus eine besondere Beziehung zum Kind haben und in der Erziehung ungelöste Konfliktsituationen permanent wiederholen können (Ilan, 1966).
Obwohl es zwar schwierig wäre, die pädagogische Eignung von künftigen
Berufserziehern zu überprüfen, ist es doch bedenklich, daß dieser Gesichtspunkt genausowenig diskutiert wird, wie die psychischen Bedürfnisse
der Lehrer und Schüler. Zu den unbewußten Triebfedern für die Wahl des
Erzieherberufes gehören Hans Zulliger zufolge (zit. n.: Meng, 1961, S. 167)
die Sättigung persönlicher, vor allem narzißtischer Machtentfaltung, die
Befriedigung von auf die Kinder gerichteter Erzieherliebe, Freude und Lust
an der Gestaltung der sachlich-pädagogischen Aufgabe im Dienste des Ge-
meinschaftsideals. Neben den bereits genannten Hindernissen, die einer
positiven Befriedigung solcher Beweggründe entgegenstehen, wäre im

Hinblick auf den letzten eine weitere prinzipielle Schwierigkeit zu nennen. Was der Lehrer den Schülern beibringt, hätten andere auch beibringen können. Wie bei den Sozialisationsleistungen der Mutter und Hausfrau gibt es wenig, was seine persönliche Leistung in nachweisbarer Form unzweifelbar beweisen könnte. Dazu kommt, daß seine Lehrfreiheit nicht generell fixiert ist. Wegen seines geringen Freiheitsspielraums einerseits, der durch das konstituiert wird, was staatliche Vorschriften und Verfügungen, Weisungen des Schulleiters und Beschlüsse des Kollegiums jeweils noch ungeregelt gelassen haben, und des persönlichen Charakters seiner Berufsausübung andererseits, ist er Autoritätskonflikten mit seinen Vorgesetzten in besonderem Maße ausgesetzt (Fürstenau, 1964, S. 70). Alle diese psychischen Belastungen lassen sich nur schwer ausgleichen. Müller, der sie in besonders eindringlicher Weise beschrieben hat, gibt dem Lehrer deswegen psychohygienische Ratschläge für den nötigen Ausgleich im Privatleben.

Massenpsychologische Pädagogik

Eine Reaktion des Lehrers auf die psychischen Belastungen, die sich aus den affektiven Beziehungen zu den Kindern ergeben, kann ein emotionaler Rückzug sein. So bemerkt z. B. Neill, Lehrer schreckten vor allem zurück, was mit Gefühlen zu tun hat (1971, S. 97). Eine ganz andere – positive – Möglichkeit, mit diesen Belastungen umzugehen, bietet die Anwendung massenpsychologischer Erkenntnisse der Psychoanalyse in der Schulklasse, wie sie von Bernfeld, Buxbaum, Peller, Zulliger und anderen vorgeschlagen wurde. Zulligers Definition der Psychoanalytischen Pädagogik ist sogar im wesentlichen massenpsychologisch:

»Psychoanalytische Pädagogik jedoch ist weder medizinisch therapeutische Psychoanalyse, noch Kinderanalyse, noch psychoanalytische Heilpädagogik. Sie ist hauptsächlich Handhabung der psychoanalytisch erforschten Massenpsychologie. Der psychoanalytische Pädagoge arbeitet bewußt mit den Phänomenen der Massenübertragung, Gegenübertragung, Versagung, Verzicht, Identifikationswunsch der Kinder; er tut es ohne je zu analysieren, sondern durch eine entsprechende Reaktion und Gegenreaktion, durch sein Verhalten. Psychoanalytische Pädagogik ist eine Erziehungsweise, die auf psychoanalytischem Verständnis der Kinder in ihrer Eigenschaft als Einzelindividuum und als Masse, und auf dem Verständnis der Erzieherreaktionen beruht. Ihr Zweck ist, die Kinder sozial, mit einem Wort gemeinschaftsfähig im kulturellen Sinn zu machen, wobei die Betonung sowohl auf dem Wort Gemeinschaft als auch auf fähig zu legen ist.« (Zulliger, 1936, S. 343)

Wenn ein Lehrer in einer Klasse zum Beispiel 30 Paarbeziehungen aufnimmt, so ergeben sich unter den Schülern meist Eifersüchteleien, Rivalitäten und Konflikte, die oft durch heftige Affektausbrüche gekennzeichnet sind. Dabei setzen sich dann die Rücksichtsloseren durch und tyrannisieren die »Feinerorganisierten«. Die latente Aggressionsbereitschaft der in einem ständigen Bürgerkrieg kämpfenden Kinder kann sich dann leicht, wenn der Lehrer eingreift, gegen diesen richten. Dazu kommt, daß der Erzieher, der Paarbeziehungen eingeht, Gefahr läuft, die Ungezogenheit der Kinder als persönliche Beleidigungen aufzufassen. Seine Sicherheit kann durch Kleinigkeiten gefährdet werden.

»Wo ein geliebter Schüler auch nur ein bißchen über die Grenzen dessen geht, was sich der Lehrer als pädagogisches Ideal abgezirkelt hat, überwältigen ihn Enttäuschung und Depression. Ist der jugendliche ›Sünder‹ von ihm ungeliebt, reagiert der Pädagoge mit vollkommen unangepaßten Gegenmaßnahmen, die nur Haß und Ressentiments hervorrufen. Die Ambivalenzerscheinungen an seinen Zöglingen begreift er nicht, sie machen ihn mißtrauisch und verstimmen ihn, und vor allem steht er ihnen hilflos gegenüber. Sie verleiden ihm auf die Dauer den Beruf, und die andauernde Spannung läßt ihn ›schulmüde‹ und ›nervös‹ werden. Er steht seinem Beruf überhaupt unsachlich gegenüber, weil er aus ihm und von den Kindern in unzulässigem Maß libidinöse Befriedigung erwartet. Darum geht er auf libidinöse Ansprüche der Schüler positiv oder abwehrend ein, in beiden Fällen zwangsweise inadäquat. Ihm mangeln Gefühl und Wissen darüber, daß Erziehung am besten unter dem Gesetz der Versagung betrieben wird, und er hat die nötige Empfindsamkeit nicht in seinen Fingerspitzen, wie die Versagung dosiert werden muß. Außerdem ist er nicht auch nur gröblich imstande, die Auswirkungen seines Narzißmus innerhalb seines Berufes zu überblicken und abzuschätzen; er gibt sich nicht Rechenschaft darüber, wie sehr er bestrebt ist, ihn in seiner Arbeit abzusättigen. Er fällt in helle Empörung oder lähmende Niedergeschlagenheit, wo sich seinem Streben nach Befriedigung Hindernisse in den Weg stellen.« (Zulliger, 1936, S. 340)

Im Hinblick auf solche Schwierigkeiten gibt Anna Freud den allgemeinen Rat, sich nicht so sehr für einzelne Kinder zu interessieren – und damit affektiv an sie zu binden – als vielmehr das Interesse am Kind und die liebevolle Beschäftigung mit ihm auszuweiten zu einem allgemeineren und weniger personengebundenen Interesse am gesamten Prozeß der Kindheit mit all seinen Implikationen (Freud, A., 1952, S. 562). Die Beziehung des Erziehers zum Kind braucht deswegen keineswegs unpersönlich zu sein, vielmehr gewinnen die Kinder für einen Erzieher, der ein umfassenderes Interesse an der Kindheit hat, ein objektiveres Interesse. Eine solche Einstellung gelingt dem Lehrer wesentlich leichter, wenn die Schulklasse oder Gruppe, mit der er es zu tun hat, eine Gemeinschaft darstellt, die es ihm ermöglicht, »seine desexualisierte Liebe zu den Schülern wirklich auf alle gleichmäßig zu verteilen«, so daß er die Kinder als »Anteile der Gemeinschaft« und nicht als Einzelindividuen lieben kann (Zulliger, 1961, S. 134). Zulliger beschreibt detailliert, mit Hilfe welcher Mechanismen eine Gemeinschaft gebildet werden kann. Er überträgt dabei die Freudsche Entdeckung der Entstehungsweise »primärer Massen« direkt auf die Schulklasse. Ihm zufolge beruht eine Gemeinschaft auf einer »Anzahl von Individuen, die ein und dasselbe Objekt an die Stelle ihres Ichideals gesetzt und sich infolgedessen in ihrem Ich miteinander identifiziert haben.« (Freud, 1921, S. 128) In der Schulklassengemeinschaft ist das Objekt »die Illusion eines idealen Menschen – nämlich die idealisierte Gestalt des Massenindividuums selber, gefordert vom Lehrer als dessen Mittler und dessen teilweiser Verkörperung. Das illusionierte Objekt ist mit all jenen wertvollen Eigenschaften ausgestattet, die sich das kleine Kind als im Vater verkörpert vorstellt, es ist die als vollkommen phantasierte Vater-Imago und der Lehrer gilt unbewußt als dessen reale und ihm nahekommende Verkörperung. Es ist deshalb an ihm, als dem Ersatz und dem Stellvertreter der Vater-Imago das Gefühl aufrechtzuhalten, er liebe alle gleichmäßig und gerecht. Diese Gefühlsbeziehung ist laut Freud unbedingt nötig zur Konstituierung und Erhaltung einer Masse.« (Zulliger, 1936, S. 355) Alle Maßnahmen des Lehrers, die die Identifizierung der Kinder untereinander und mit einem gemeinsamen Ideal fördern, verstärken den Zusammenhalt der Gemeinschaft.

Es muß hier offenbleiben, inwieweit dieser Mechanismus auch bei Kindern wirkt, die in einer tendenziell vaterlosen Gesellschaft aufgewachsen sind und entsprechend andere psychische Strukturen haben, in denen das Ich-Ideal weniger wichtig ist. Insofern die Erzieher »Ersatzobjekte für die Eltern« sind, wäre auch zu prüfen, welche Rolle das Geschlecht des Erziehers in solchen Prozessen spielt. Es ist vielleicht kein Zufall, daß Edith Buxbaum, die in ihrer Untersuchung massenpsychologischer Prozesse in der Schulklasse nur von der Lehrerin spricht, Zulliger wesentlich ergänzen konnte. Sie arbeitete besonders Unterschiede zwischen Masse und Massenbildung bei Erwachsenen und bei Kindern oder Jugendlichen heraus. Bei letzteren ist die Überichbildung, die gleichzeitig mit der Ablösung von den infantilen Liebesobjekten erfolgt, noch nicht abgeschlossen. »Die Beziehung zum Führer hat zweifachen Sinn: die Übertragung der Elternbeziehung auf ihn erleichtert die Ablösung von den Eltern, er ist eine Zwischenstufe auf dem Weg zu anderen Objektbeziehungen. Die Ablösung vom Führer geschieht auf dieselbe Weise, wie die Ablösung von den Eltern: durch Verinnerlichung der Objektbeziehungen und ihrer Verwendung in der Richtung des Überichs. Die Beziehungen zum Führer ist bei den Kindern und Jugendlichen charakterisiert durch ein Schwanken zwischen Übertragung und Identifizierung.« (Buxbaum, 1936, S. 105) Für den Erzieher kommt es darauf an, die Identifizierung der Kinder mit ihm als Führer zu stärken und die positive Übertragungsbeziehung zu fördern. Auf diese Weise können die Aggressionen der Kinder zum Teil auf nicht in das Führer-Masse-Verhältnis einbezogene Schüler und Lehrer verschoben und zum Teil in den Identifizierungsprozessen sublimiert werden. »Die positive oder negative Übertragung der Mehrzahl der Kinder bestimmt die Haltung der Masse, indem sie die ambivalenten entgegengesetzten Haltungen mit Gewalt unterdrückt.« (a.a.O., S. 103) In der Schulklasse handelt es sich also allenfalls um eine massenähnliche Bildung, nicht um eine Masse im engeren Sinn.

Aus der Doppelfunktion des Lehrers als Objekt für Übertragungen und für massenpsychologische Identifikationen können auch Schwierigkeiten entstehen. »Die Ansprüche, die die Erziehung des individuellen Kindes an den Lehrer stellt, treten oft in direktem Gegensatz zu den Erfordernissen der Gruppenerziehung« (Burlingham, 1937, S. 94). Um seine Funktion gut erfüllen zu können, braucht der Erzieher ein gewisses Maß an Narzißmus, das ihm erlaubt, seine Rolle als Vorbild anzunehmen. Andererseits muß er auch Kritik von seiten der Kinder hinnehmen können und das Infantile in sich soweit bewältigt haben, daß er die kindlichen Verhaltensweisen sachlich beurteilen kann. Denn die Gefahr, daß die positive Beziehung zum Lehrer plötzlich umschlägt, ist relativ groß. Wenn der Erzieher in solchen Fällen den Kindern erlaubt, ihre Unzufriedenheit und Kritik auszudrükken, kann er die Feindseligkeiten abbauen und seine Führerstellung zurückgewinnen. An den massenpsychologisch orientierten psychoanalytischen Pädagogen werden dementsprechend hinsichtlich seiner psychischen Qualifikationen keine geringeren Anforderungen gestellt, als an die anderen. Lehrer, die nicht mit Übertragungs- und Identifikationsprozessen umzugehen verstehen, müssen – wo Appelle an die Einsicht versagen – die vorgegebenen Lernziele durch permanentes Wiederholen, durch Ausbeutung von Angst-, Schuld- und Selbstwertgefühlen erzwingen. Ähnliche Mechanismen lassen sich vor allem auch in Prüfungen nachweisen. Dazu liegen eine ganze Reihe von psychoanalytischen Untersuchungen vor (zusammenfassend: Moeller, 1968).

Besonders Bernfeld und Reich haben den pädagogischen Nutzen der psychoanalytischen Massenpsychologie auch aus politischen Gründen diskutiert. Es war ihnen angesichts der sozialen und politischen Verhältnisse in der Weimarer Republik klar, »daß Erziehung, wenn sie einen Sinn haben soll, Massenarbeit sein muß« (Reich, 1926/27, S. 73). Die individualisierende Pädagogik ist nach dem Muster familialer Beziehungen organisiert, »sie geht auf das einzelne Kind, geht vom einzelnen Erzieher aus, ist vereinzelnd« (Bernfeld, 1927). Für die Erziehung von Massen ist sie nicht geeignet, und insofern ist sie spezifisch bürgerlich. Den sozialistischen Pädagogen stehen für z. B. 2 Millionen Kinder keine 200 000 »vollendet wirkende Erzieherpersönlichkeiten« zur Verfügung. Sie müssen deswegen die ansteckenden Wirkungen der Masse ausnützen, durch die wenige, vorbildhafte sozialistische Erzieher mit Führungsqualitäten einen sehr weitreichenden Einfluß ausüben. Bernfeld illustriert die unterschiedlichen Vorgehensweisen folgendermaßen:

»Gesetzt, z. B. es wäre das Erziehungsziel, daß jedes jener 2 Millionen Kinder eine rote Schärpe an seiner Mütze trüge. Nach dem bürgerlichen System hätten nun jene 100000 Eltern, Erzieher, Lehrer durch Überredungen, Strafen, Belohnungen sie hierzu zu veranlassen, vielleicht sogar zu zwingen und ständige Aufmerksamkeit der Kontrolle der Durchführung zu widmen. Der Arbeitsaufwand wird ungeheuer sein, und je weniger das Ziel inneren altersgemäßen Bedürfnissen der Kinder entspricht, um so weniger oder um so schwieriger Erfolg haben. Einzelnen Erziehern freilich wird es leicht und gut gelingen, sie haben aber nur 10 oder 20, vielleicht 30 Kinder zu beeinflussen; die anderen sind anderen Schulklassen, Familien usw. zugeteilt. Die Zahl der Kinder, die sie beeinflussen können, hängt nicht von ihren Fähigkeiten, sondern von der zufälligen Organisation des Erziehungswesens ab. – Man kann aber das Ziel (rote Schärpe auf jeder Kindermütze) auch anders erzielen. Wenn die Kinder in einer Massenveranstaltung zusammengefaßt sind (Fest, Wanderung, Bund), erscheint ihr Führer mit jener Schärpe, seine Unterführer, die Erzieher, ahmen ihn nach, leiten den Impuls weiter und die Masse hat mit einem Schlag das Ziel des Führers zu ihrem eigenen gemacht; durch Vermittlung der Unterführer springt der Wille auf die anderen Massen über – es entsteht eine Mode unter den Kindern, und nur ganz wenige werden sich ihrem Diktat nicht fügen. Zwei Millionen rote Schärpen werden stürmisch begehrt werden. Dieses Beispiel ist nicht ganz ein Scherz. Denn es geht nicht anders mit ernsteren, tieferen Erziehungszielen.« (Bernfeld, 1927, S. 924)

In dieser Art von sozialistischer Massenpädagogik »stiften einige wenige bedeutende Führerpersönlichkeiten die grundlegende Beeinflussung« und viele »Erzieher« »erfüllen den geschaffenen Rahmen«. Letztere gehören selber zu den vom Führer erfaßten Millionen, es sind ebenfalls Kinder und Jugendliche oder zum Teil Erwachsene, die sich nicht als Führer qualifiziert haben. Sie werden aber selbst zu »Beeinflussungsobjekten«, die sich von allen anderen nur durch bestimmte einzelne Eigenschaften unterscheiden. Sie wirken auf kleinere Gruppen ein und beeinflussen auch Einzelne. Soweit die massenpsychologische Beeinflussung dauernde Wirkung haben soll, muß sie in Massenorganisationen abgesichert werden. Das Vorbild der Massenpädagogik »ist die Partei und Bewegung und die Massenerscheinungen der modernen Gesellschaft. Die Methoden der Modesuggestion, der Traditionsstiftung, der Propaganda, der Massenfeste, Massenaktionen sind es, die in ihr – natürlich mit entsprechenden Änderungen und nicht ausschließlich – eine bedeutsame Stellung erhalten« (Bernfeld, 1927, S. 926).

Diese Ausführungen Bernfelds sind ganz an den Schwierigkeiten proletarischer Massenarbeit orientiert. Er vernachlässigt bewußt die »bedeutsa-

men Korrekturen«, die sich für den Unterricht ergeben würden, geht aber
auch auf die »Psychologie des Führers« nicht ausführlich ein. Bernfeld erwähnt, daß »Führer« ein Begriff ist, der der Pädagogik ursprünglich fremd
war und aus der Jugendbewegung übernommen wurde. Er müsse von der
reaktionären Mystik und Metaphysik befreit werden, von der er durchsetzt
ist. Obwohl gerade Bernfeld ganz klar gesehen hat, daß die massenpsychologischen Mechanismen, das Führer-Gefolgschaftsverhältnis, auch benützt
werden können, um die Macht der herrschenden Klasse zu sichern (Bernfeld, 1925, S. 98 ff.), diskutiert er nicht, ob sie je nach den politischen Zielen,
denen sie dienen, modifiziert werden müssen und wie das Problem der Erziehung des Erziehers bei »Führern« gelöst werden könnte. Sozialistische
Bildung, die die Emanzipation der Menschen anstrebt, wird aber auf mani-
pulatorische Mechanismen verzichten müssen. Andererseits ist offensichtlich, daß in jeder Erziehung Vorbilder eine Rolle spielen. Ausschlaggebend
ist, ob der Zusammenhang, in dem dies geschieht, letztlich zur Emanzipation der »Beeinflussungsobjekte« beiträgt oder ob Ziele verfolgt werden,
die ohne den dauernden Mißbrauch manipulatorischer Mechanismen nicht
erreicht werden können.

Wie in der psychoanalytischen Erziehungslehre allgemein, spielt auch in
solchen massenpsychologischen Überlegungen der Erwachsene als Erzieher bzw. Führer eine überragende Rolle. Erst in neuerer Zeit haben psychoanalytisch orientierte Pädagogen Versuche gemacht, Gruppenprozesse
so zu gestalten, daß weniger der Erzieher als Vorbild, als vielmehr die
Gruppe, ihre Struktur, die in ihr praktizierten Interaktions- und Tätigkeitsformen und die in ihr geübte Annäherung an die Realität erziehen. Auf
diese Weise werden heute Überlegungen in die Praxis umgesetzt, wie sie
wenigstens zum Teil schon 1937 von Peller entwickelt worden sind. Sie
hatte die Tätigkeitsformen als bedeutsame Erziehungsmittel erkannt. Diese
sind besonders geeignet, das »triebhafte, von innen her bestimmte Tun des
Kindes in gesteuertes, sozial einbezogenes Handeln zu verwandeln« (Peller, 1933, S. 109). Allerdings fügte sie eine einschränkende Bemerkung
hinzu, die noch heute das Kernproblem solcher Ansätze, z. B. der Institutionellen Pädagogik beschreibt: »Bei der heute herrschenden Wirtschaftsform werden dem kleinen Kind solche Möglichkeiten zu sinnvoller Betäti-
gung nur in einer Umgebung, die besonders für diesen Zweck geschaffen
wurde, zur Verfügung stehen.«

Psychoanalyse und Pädagogik

Die Psychoanalyse als Methode psychologischer Forschung ist untrennbar
mit ihrer therapeutischen Praxis verbunden. Diese enthält jedoch auch in
der Form der großen Analyse pädagogische Elemente. Dies gilt sowohl für

die Therapie des Erwachsenen, der »unter der Leitung des Arztes« beim Durcharbeiten seiner psychischen Konflikte in der Übertragung »einen besseren Ausgang« für diese findet, als auch besonders für die psychoanalytische Therapie von Kindern, in der pädagogische und therapeutische Elemente gar nicht deutlich voneinander unterschieden werden können. Die beiden Erfahrungen der nachweislich oft schwer pathogenen Wirkung von Erziehung einerseits und der Unfähigkeit eine praktisch brauchbare psychoanalytische Pädagogik auszuarbeiten andererseits, führten jedoch im Zusammenhang mit dem Verschwinden der Psychoanalytischen Pädagogik zu einer geradezu phobischen Dethematisierung der pädagogischen Elemente der Psychoanalyse (Balint, M., 1939, S. 102).

Aus der Sicht der Psychoanalyse unterscheiden sich Neurotiker von Gesunden nicht grundsätzlich und ebensowenig lassen sich psychoanalytische Therapie und psychoanalytische Pädagogik säuberlich gegeneinander abgrenzen. Allerdings ist eine Unterscheidung nach der dominierenden Funktion Heilen oder Erziehen möglich. Bei den therapeutischen Anstrengungen ist das Ziel, »neue Bewältigungsmöglichkeiten zu finden, die dem Individuum einen höheren Grad von Freiheit, mehr Verfügbarkeit über die eigenen kreativen Fähigkeiten, einen besseren Zugang zu anderen Menschen und zu eigenen Wünschen und Antrieben und einen besseren Schutz vor Angst gewähren« (Muck, 1974, S. 37). Ausgehend vom subjektiv empfundenen Leiden des Patienten, von seinen Schwierigkeiten im Umgang mit der Realität und mit sich selbst, versucht der Therapeut die Fähigkeit, sich realitätsgerecht zu verhalten, wiederherzustellen:

»Es gibt mehrere solcher zweckmäßiger Erledigungen, welche Konflikt und Neurose zum glücklichen Ende führen und die im einzelnen Fall auch miteinander kombiniert erzielt werden können. Entweder wird die Persönlichkeit des Kranken überzeugt, daß sie den pathogenen Wunsch mit Unrecht abgewiesen hat, und veranlaßt, ihn ganz oder teilweise zu akzeptieren, oder dieser Wunsch wird selbst auf ein höheres und darum einwandfreieres Ziel geleitet (was man seine Sublimierung heißt), oder man erkennt seine Verwerfung als zu Recht bestehend an, ersetzt aber den automatischen und darum unzureichenden Mechanismus der Verdrängung durch eine Verurteilung mit Hilfe der höchsten geistigen Leistungen des Menschen; man erreicht seine bewußte Beherrschung.« (Freud, 1910, S. 25)

Bei Kindern, die sich psychisch noch in der Entwicklung befinden, ist eine rückwärtsgerichtete psychische Korrektur (psychoanalytische Psychotherapie) oft gar nicht nötig; es genügt, daß die Verstrickung in einem aktuellen Konflikt gelöst wird und der in diesem Sinne nützlichste pädagogische Weg gewiesen wird (Psychagogik). Im Unterschied zum Pädagogen greifen der Psychotherapeut und der Psychagoge jedoch immer erst ein, wenn dies wegen Verhaltensauffälligkeiten des Kindes nötig wird. Der

Ausgangspunkt der therapeutischen Arbeit ist in jedem Fall die psychische Realität des Patienten. Jedoch steht nicht immer die Übertragungsbeziehung des Kindes zum Therapeuten im Mittelpunkt der therapeutisch-pädagogischen Bemühungen. So hat Zulliger eine Methode der »deutungsfreien Spielanalyse« entwickelt, bei der der Therapeut direkt das Unbewußte anspricht. Er muß sich dazu der Sprache des Unbewußten – Symbolsprache und Agieren – bedienen (Zulliger, 1969a). So schildert er zum Beispiel die Heilung eines kleinen viereinhalbjährigen Jungen, der im dunklen Schlafzimmer immer Angst vor einem Wolf bekommt. Auf Vorschlag des Therapeuten baut der kleine Junge in Zusammenarbeit mit seinem Vater ein kleines Öllämpchen für die Nacht, das den Wolf vertreiben soll. Die Ich-stärkende Tätigkeit und ihr symbolischer Gehalt beheben allmählich die Angst, ohne daß es nötig wäre, dem Kind die Inhalte seines Unbewußten zu deuten und ihm klar zu machen, daß der phantasierte Wolf eigentlich eine Abspaltung der Vater-Imago, nämlich der feindselige Anteil des Vaterbildes ist. Die Grenzen zwischen dieser Art von Heilpädagogik und Psychotherapie sind fließend. Psychoanalytische Pädagogik im engeren Sinne wird man jedoch nur die Erziehung nennen können, die sich nicht die Aufarbeitung psychischer Konflikte oder die Wiederherstellung psychischer Gesundheit zum Ziele setzt, sondern die Erhaltung der psychischen Gesundheit bei der Verfolgung »höherer Ziele«: Der Erziehung von »Unfertigen« zu bestimmten Charakteren mit bestimmten Verhaltensweisen und der Vermittlung von Wissen und Fertigkeiten.

»Die Erziehung will dafür sorgen, daß aus gewissen Anlagen und Neigungen des Kindes nichts dem einzelnen wie der Gesellschaft Schädliches hervorgehe. Die Therapie tritt in Wirksamkeit, wenn dieselben Anlagen bereits das unerwünschte Ergebnis der Krankheitssymptome geliefert haben. (. . .) Die Erziehung ist eine Prophylaxe, welche beiden Ausgängen, dem in der Neurose wie dem in Perversion, vorbeugen soll; die Psychotherapie will den labileren der beiden Ausgänge rückgängig machen und eine Art von Nacherziehung einsetzen.« (Freud, 1913c)

Abgesehen vom besonderen Charakter elterlicher Erziehung gilt, daß in der Beziehung des Erziehers zum Kind die von den konkreten sozialen institutionellen Voraussetzungen her determinierte äußere Realität ausschlaggebend ist. Die affektive und unbewußte Dimension dieser Beziehung muß er wahrnehmen können, um sie erzieherisch nützen zu können. So wird der psychoanalytische Pädagoge vor allem ganz bewußt die »Liebe« als allgemeinstes und wertvollstes Mittel der Erziehung einsetzen, auch im Hinblick auf die intellektuellen Lernziele, denn »der affektive Rapport eröffnet den intellektuellen« (Zulliger, 1969, S. 43). Sein wichtigstes Ziel ist die Erhaltung der psychischen Gesundheit des Kindes. Lernleistungen, deren psychische Kosten zu hoch sind, lohnen nicht. Im Gegenteil, intellektuelles Interesse, Leistungsfähigkeit, die Bereitschaft, Wissen und Fähigkeiten zu erweitern, sowie andere erwünschte Erziehungsziele gehören zu den normalen Begleiterscheinungen psychischer Gesundheit. Das wichtigste Erziehungsziel der Psychoanalytischen Pädagogik, dem die anderen untergeordnet sind, ist psychohygienische Prophylaxe.

Eine psychoanalytische Pädagogik in diesem Sinne setzt voraus, daß es überhaupt psychoanalytisch ausgebildete Pädagogen gibt, die in der Lage sind, die psychologische Dimension der aktuell praktizierten Erziehung, ihre Erziehungsziele usw. in der Praxis wahrzunehmen, zu überprüfen und die Beeinflussung des Kindes zu erforschen. Als eine Art »Pathologen« des erzieherischen Prozesses müßten sie vor allem das Scheitern von Erziehungsprozessen untersuchen (Kubie, 1969). Bei Schulversagern z. B. müßte dann nicht nur nach den Gründen in den Versagern gesucht werden, sondern auch danach, inwiefern die Schule den betreffenden Kindern gegenüber versagt hat. Neben dem Wissen und den Erfahrungen, die sie in ihrer psychoanalytischen und pädagogischen Ausbildung erworben haben, müßten solche psychoanalytischen Pädagogen auch über genügend gesellschaftswissenschaftliches Wissen verfügen, um die Auswirkungen der sozialen Grenze der Erziehung systematisch berücksichtigen zu können. Eine systematische psychoanalytische Erforschung der »Bedingungszusammenhänge des erzieherischen Verhaltens« und der Folgen pädagogischer Standpunkte (Bittner, 1970, S. 13) wäre auch eine der Voraussetzungen dafür, daß die Erkenntnisse der Psychoanalytischen Pädagogik von einer Erziehungslehre auf das Niveau einer psychoanalytisch-pädagogischen Theorie gebracht werden könnten. Eine solche Theorie hätte vor allem zu klären, wie die erzieherisch letztlich ausschlaggebenden gesellschaftlichen Verhältnisse verändert werden müssen, damit die utopische Forderung nach einer Analyse aller Erzieher an Bedeutung verliert.

Eine solche psychoanalytische Pädagogik müßte wegen der notwendigen psychoanalytischen Ausbildung derer, die sie entwickeln, eine Teildisziplin der Psychoanalyse sein. Dafür sind die Voraussetzungen in der Bundesrepublik nicht mehr gegeben. Nur noch Ärzte und Psychologen werden zum Analytiker ausgebildet; die Psychagogen sind vom psychoanalytischen Forschungsprozeß ausgeschlossen und die Psychoanalytiker zeigen wenig Interesse an den pädagogischen Elementen ihrer Disziplin. Unter diesen Voraussetzungen erscheint eine prophylaktisch orientierte psychoanalytische Pädagogik als unrealistisch. Nicht einmal der Nutzen, den die Psychoanalyse unter den gegebenen Voraussetzungen für die Pädagogen haben kann, wird klar erkannt. Affektive und kognitive Lernprozesse werden häufig nicht in ihrem Zusammenhang gesehen und die Frage nach den psychischen Kosten von Erziehung und Lernprozessen wird unterschlagen. Stattdessen erfährt unser Schulsystem nach dem Vorbild der Entwicklung in den USA eine Art therapeutische Verdopplung: »In den USA sprießen Parallelschulen in Form von heilpädagogischen Zentren, Beratungszentren, etc. als Verdopplung der Regelschule nur so aus dem Boden, ohne daß der Lebensstil auch nur im geringsten in Frage gestellt würde, obwohl dieser für die wachsenden Anpassungsschwierigkeiten verantwortlich ist (in den USA sind 46,4% der vorhandenen Krankenhausbetten für Geisteskranke reserviert, 11,2% in der UdSSR).« (Mannoni, 1976, S. 56f.)

Angesichts einer solchen Entwicklung wäre es nützlich, wenn nicht nur psychoanalytisches Wissen propagiert würde, sondern auch Verfahren wie z. B. Balint-Gruppen, die die Wahrnehmung und das Verständnis der Sprache des Unbewußten relativ rasch verbessern, in größerem Umfang angewendet würden. Unter den gegebenen Voraussetzungen ist es allerdings nicht wahrscheinlich, daß die Psychoanalyse zur wichtigsten psychologischen Grundlage der Pädagogik werden könnte. Verhaltenstheoretische und andere psychologische Ansätze, die ihrer theoretischen Orientierung wegen und unter dem Kosten-Nutzen-Gesichtspunkt attraktiver erscheinen, beherrschen die pädagogische Psychologie und weitgehend auch das therapeutische Feld.

Therapeutische Verfahren, die nur auf Individuen und ihre Beziehungen untereinander gerichtet sind, d.h. immer nur Menschen und nicht die Bedingungssituationen und die Strukturen, in denen sie handeln, »therapieren«, sind jedoch prinzipiell reformistisch. Das gilt zwar auch für die verschiedenen Formen der psychoanalytischen Therapie, aber da die Theorie der Psychoanalyse im Kern konflikttheoretisch und kausalanalytisch ist, stößt sie doch immer wieder auf die Grenzen des Nutzens von Therapie von einzelnen Individuen. So erweist es sich z. B. häufig als sinnlos, ein Familienmitglied allein zu therapieren, wenn das ganze Interaktionssystem seiner Familie seine psychischen Probleme verstärkt und fixiert. Die Diagnose kann dann lauten, daß das betreffende Familienmitglied zwar Symptome hat, aber daß der wahre Patient die Familie ist. Beratungen oder Einzeltherapien für Eltern von psychisch kranken Kindern werden wirkungslos.

»Wir hatten in der Regel nur Erfolg, wenn wir es verstanden, auf den affektiven Motivationshintergrund der Eltern einzuwirken. Denn die schädlichen erzieherischen Zwänge, Verbote, Informationsvorenthaltungen, Strafen usw. erwiesen sich eben meist nur als Folge des gesamten affektiv begründeten Interaktionssystems zwischen Eltern und Kind. Die vollständige bewußte und unbewußte Dynamik der Eltern-Kind-Beziehung, die natürlich wieder mitbestimmt wird durch die spezielle Dynamik der Elternehe, mußte für eine erfolgversprechende therapeutische Arbeit mitberücksichtigt werden. Dabei fiel uns schon damals auf, daß die deklarierten Erziehungstheorien vieler Eltern oft eklatant abwichen von ihren faktischen Reaktionen auf das Kind.« (Richter, 1974, S. 11)

In derselben Weise wird man auch die Schule als einen Patienten ansehen können. Erweitert man diese Perspektive jedoch auf die ganze Gesellschaft hin, wird deutlich, wie problematisch es ist, von einer kranken Familie, Schule oder gar einer kranken Gesellschaft zu sprechen. In Wirklichkeit erkranken Individuen, weil die verschiedenen Institutionen oder die Gesellschaft überhaupt in einer Weise organisiert sind, die krank macht. Die Gesellschaft ist kein organisches Ganzes, in dem die Interessen der einzelnen Mitglieder, der Klassen, Schichten und verschiedenen Gruppierungen auf einen objektivierbaren Nenner gebracht werden könnten, der ein harmonisches – »gesundes« – Funktionieren garantieren würde. Gerade die Zunahme an psychischen Erkrankungen ist ein Hinweis darauf, daß Herrschaftsverhältnisse im Spiel sind, die zu unzumutbaren, weil uneinsehbaren Zumutungen führen. Gewiß gibt es in hochentwickelten Industriegesellschaften Phänomene – Städte- und Wohnungsbau, Bürokratisierung, bestimmte Arbeiten usw. – die als solche die Erhaltung der psychischen Gesundheit erschweren. Insgesamt geben jedoch nicht objektive Determinanten und Ereignisse als solche den Ausschlag. Es ist der »Mangel oder Verlust der sozietären Bedeutung der Versagungen«, der krank macht.

Das konservative Potential psychoanalytischer Pädagogik

Es wird kaum beachtet, daß psychoanalytisches Wissen bereits seit langem in großem Maßstab zu manipulatorischen Zwecken benützt wird. Dies gilt für die Werbung, politische Propaganda, Techniken der Menschenführung und andere psychologische Methoden der Beeinflussung. Diese Ausbeutung psychoanalytischen Wissens kann den Psychoanalytikern nicht vorgeworfen werden. Trotzdem muß auch in bezug auf die psychoanalytische Pädagogik die Frage berücksichtigt werden, inwiefern sich die Psychoanalyse für konservative, undemokratische pädagogische Zwecke mißbrauchen läßt. Abgesehen von den Folgen des weitverbreiteten milden Konservativismus unter Psychoanalytikern, der zu ihrer spezifischen Gesellschaftsblindheit gehört und als »déformation professionelle« gelten kann, und der damit verbundenen fatalen Neigung, auch soziologische Tatsachen psychologisch erklären zu wollen, was ideologischen Irreführungen gleichkommt, gibt es auch Fälle, in denen versucht wird, der Psychoanalyse eine Ethik zuzuordnen, die bei Ekstein z. B. ihre Abstammung aus der Bewunderung des »american way of life« als einem Vorbild für die ganze Welt nicht leugnet. In dieser Perspektive wird das wissenschaftsspezifische Ansetzen der Psychoanalyse am Individuellen zur Rechtfertigung eines Individualismus formal demokratischer Prägung. »Wir halten die Psychoanalyse für ein Bollwerk des Individualismus. Wir glauben, daß der

Gebrauch psychoanalytischer Prinzipien und Einsichten im Erziehungssystem, das offizielle Schulsystem eingeschlossen, indirekt den Glauben an das Individuum stärkt, seinen Platz in einer freien und offenen Gesellschaft bestimmt und damit andererseits gerade diese Gesellschaft stärkt.« (Ekstein, 1969, S. XIX; Ekstein, 1976 und Erikson, 1976).

Gefährlicher als die ideologische Vereinnahmung der Psychoanalyse durch einzelne Psychoanalytiker erscheint hierzulande jedoch die Möglichkeit, daß Psychagogen als Kronzeugen für einen gesellschaftspolitischen Mißbrauch der Psychoanalyse in der Pädagogik herangezogen werden könnten. Wenn man unter Heilpädagogik allgemein die Erziehung entwicklungsgehemmter Kinder versteht, so beschäftigen sich die psychoanalytischen Heilpädagogen, die Psychagogen, innerhalb dieses Erziehungsfeldes vorwiegend mit den Fällen, in denen die Entwicklungshemmung »psychogen« verursacht ist. Die einleitenden Bemerkungen eines Merkblatts zum Berufsbild des Psychagogen, das von der im Jahre 1953 gegründeten »Vereinigung Deutscher Psychagogen« herausgegeben wird, lassen dies erkennen: »Der Beruf des Psychagogen ist entstanden aus der Not der gefährdeten Familie, insbesondere der umwelt- und erziehungsgeschädigten Jugend.« Die psychologische Grundlage der Psychagogen ist die psychoanalytische Psychologie. Sie bekommen allerdings nur eine »Schmalspurausbildung in Tiefenpsychologie«, und können keine großen Analysen durchführen. Sie sind insofern vom psychoanalytischen Forschungsprozeß ausgeschlossen. Sie wenden psychoanalytisches Wissen therapeutisch, beratend und aufklärend an. Pädagogen sind sie andererseits auch nicht im engeren Sinne. Ihr Interesse ist mehr therapeutisch als pädagogisch. Abgesehen davon rekrutieren sich die Psychagogen zum großen Teil aus Praktikern, die über keine akademische Vollausbildung verfügen (Brezinka, 1955; Laiblin, 1964).[8]

Offensichtlich kann, wenn bei Psychagogen gesellschaftlich unaufgeklärtes psychoanalytisches Wissen mit weltanschaulich-politischem Engagement zusammenkommen, eine reaktionäre Mischung entstehen, die ein Massenpublikum findet. Bei der Psychagogin Meves z. B. wird das kultur- und gesellschaftskritische Erbe Freuds in karikaturistischer Verzerrung wiederbelebt. Das »Unbehagen in der Kultur« wird bei ihr in Umkehrung der Freudschen Religionskritik zum Unbehagen am Zeitgeist, der insofern krank ist, als er »eines der lebensnotwendigsten Bedürfnisse des Menschen, das in einem religiösen Bezug erlebte Gefühl von Sinnhaftigkeit seines Lebens nicht mehr befriedigt« (Meves, 1976, S. 82). In dieser Perspektive droht das Unheil von denen, die das »geistige Vakuum der Nachkriegszeit«

---

8 Das Institut für Psychagogik in Hessen e. V. (Frankfurt) gibt als Voraussetzung eine Fachhochschul- oder Hochschulreife an.

marxistisch ausfüllen wollen. Die systematische »Entvaterung« unserer Gesellschaft durch gerissene marxistische Gesellschaftsveränderer gelingt, weil es vielen Vätern an »geistiger Wertträgerschaft« und geistiger Standhaftigkeit und an einer festen »personalen Gott-Vater-Beziehung« fehlt. In dieser Perspektive huldigt Frau Meves ungehemmt der »Elternbeschuldigungsdoktrin«, die von den psychoanalytischen Pädagogen schon im Laufe der dreißiger Jahre als falsch abgelehnt worden ist. Diese mit missionarischem Eifer vorgetragene Variante psychoanalytischer Zeitgeistpädagogik dürfte zwar vielen Psychoanalytikern zu bigott sein, angesichts des Publikumserfolgs ihrer Thesen und ihrer politischen Verwertbarkeit stellt sich jedoch trotzdem die Frage, ob ähnliche Thesen, differenzierter formuliert und mit theoretischen Positionen der oben erwähnten Art verknüpft, nicht doch unter Psychoanalytikern und Psychagogen breite Zustimmung gewinnen könnten.

Vierter Teil
Psychoanalytische Elemente in der Pädagogik der Gegenwart

Die Psychoanalyse in der Theorie der antiautoritären Erziehung

Durch die Entwicklung neuer Therapieformen wie Ehe-, Familien- und Gruppentherapie, durch neue Aufgaben als Berater, Gutachter, Supervisor usw. sind die Psychoanalytiker heute mehr denn je in einem Grenzbereich zwischen psychoanalytischer Therapie und Pädagogik tätig. Aus der naturwissenschaftlich begründeten Theorie Freuds können sie für ihre pädagogischen Interventionen jedoch keine Legitimierung ableiten. Die psychoanalytische Erziehungslehre ist nicht weiterentwickelt worden. Es wäre interessant festzustellen, welche »heimliche« Erziehungslehre sich aus den pädagogischen Implikationen der therapeutischen Arbeit der Psychoanalytiker und Psychagogen zusammenstellen ließe. Dies kann hier nicht geschehen. In der Folge werden nur pädagogische Ansätze berücksichtigt, in denen von psychoanalytischen Laien die Psychoanalyse als Hilfswissenschaft verwendet wird.

Die politischen und pädagogischen Absichten der antiautoritären Erzieher, die Ende der sechziger Jahre an der Psychoanalytischen Pädagogik wieder anzuknüpfen versuchten, waren denen der linken psychoanalytischen Pädagogen in mehrfacher Hinsicht verwandt. Eine Renaissance der Psychoanalytischen Pädagogik hätten sie allein jedoch selbst dann nicht bewirken können, wenn die Umstände ihre Ziele begünstigt hätten, denn sie waren im Gegensatz zu den Psychoanalytischen Pädagogen psychoanalytische Laien, die als meist nicht-hauptberufliche Erzieher zunächst vor allem ihren eigenen Kindern zu einer anderen, besseren Erziehung verhelfen wollten. Es waren fast ausschließlich Eltern der Mittelschicht, darunter besonders Akademiker, die dementsprechend schichtspezifische Perspektiven und Verhaltensweisen entwickelten. Ihre pädagogischen Vorstellungen waren »ganz überwiegend dem Gedanken der Emanzipation des Individuums verpflichtet, wenn sie auch einerseits Elemente der gesellschaftspolitischen ›Indoktrination‹, andererseits Elemente der ›Schutzraumpädagogik‹ in sich aufgenommen haben« (Liegle, 1971, S. 10). Dementsprechend wurde von ihnen die auf proletarische Massenerziehung gerichtete massenpsychologische Pädagogik nie zur Kenntnis genommen. Auch in ihren Organisationsformen war die antiautoritäre Erziehung ein Reservat für Bildungsbürger. Der relativ hohe Zeitaufwand, die Notwendigkeit, daß beide Eltern sich in gleicher Weise für die Erziehung ihrer Kinder interessieren, vor allem aber die Anforderungen, die sich aus den »Verkehrsformen« für die Beteiligten ergaben, beschränkten die Zahl der potentiellen Teilnehmer. »Beide Eltern müssen in der Lage sein, sich mit Hilfe von Büchern (Raubdrucke und psychologisch-soziologische Fachliteratur) zu informieren. Sie müssen also die Techniken der wissenschaftlichen Arbeit beherrschen, wie Protokolle schreiben, exzerpieren, diskutieren, formulieren, Zusammenhänge erkennen« (Busche, 1970, S. 191). Auch einige ihrer pädagogischen Vorstellungen lassen eine spezifische Mittelschichtorientierung erkennen, die mit den erklärten politischen Ansprüchen nicht harmoniert. Solange die Erziehungsarbeit den Charakter eines Experiments haben soll, muß der politische Anspruch auf das beschränkt bleiben, was ein vorbildliches Experiment bestenfalls bewirken kann, d. h. in diesem Falle, daß »innerhalb und gegen eine repressive Gesellschaft eine freie, antiautoritäre Erziehungspraxis möglich ist« (Seifert, 1973, S. 43). Die Behauptung, ein solches Modell könne in einer politischen Strategie als Keimzelle einer neuen Gesellschaft gesehen werden, drückt nur eine Hoffnung aus, die auf – im Vergleich zu Bernfelds Einsichten – vagen Annahmen über die prinzipielle Abschaffbarkeit von Anpassungsforderungen an eine Zwangs- und Leistungsgesellschaft beruhen, die unterstellen, daß in unserer »Überflußgesellschaft« »nicht die Realität Einschränkungen auferlegt, sondern Triebverzicht und Bedürfnisunterdrückung ausschließlich auf grund tradierter oder psychischer Realitäten gefordert wird« (a.a.O., S. 46).[9]

Die antiautoritäre Erziehung wurde von Eltern in privater Initiative entwickelt. Von den pädagogischen Voraussetzungen her war die Bildung nur kleiner Gruppen zweckmäßig. Institutionell war ihre Arbeit nicht abgesichert und Zusammenschlüsse wie z. B. der Berliner »Zentralrat der Sozialistischen Kinderläden« stärkten die Bewegung nicht.

Die für die Entstehung der Kinderladenbewegung ausschlaggebenden politischen Perspektiven und die praktischen Bedürfnisse vor allem der

---

9 Zur Kritik des revolutionären Selbstverständnisses der Kinderladenbewegung siehe Kiefer 1970.

Frauen, die in ihr eine Möglichkeit sahen, aus ihrer Isolierung in der Kleinfamilie auszubrechen und ihre erzieherischen Aufgaben mit beruflichen
Zielen und politischem Engagement zu vereinbaren und die Väter gleichberechtigt zu beteiligen, waren maßgebend für die Rezeption der Psychoanalytischen Pädagogik. Dies gilt einerseits für die Auswahl der Theoriestücke
und Texte und andererseits auch für die Interpretation derselben. Die Psychoanalyse war für sie nur eine Theorie, deren Wahrheitsgehalt sich ihnen
meist nicht in psychoanalytischer Praxis erwies, sondern darin, ob sie die
besseren Argumente lieferte. In diesem Sinne kritisiert Bittner: »Und darin
scheint der schwerwiegendste Mangel in der Anwendung der Psychoanalyse durch die antiautoritäre Bewegung zu liegen, daß es nicht gelang, den
praxisbezogenen, ›technischen‹ Aspekt psychoanalytischer Aussagen zu
erschließen. Die antiautoritäre Bewegung hat aus der Psychoanalyse lediglich den Stoff für ihre pädagogischen Utopien genommen« (1972, S. 55, vgl.
auch Junker, 1970).

Dementsprechend knüpften die antiautoritären Erzieher vor allem an
den Gesichtspunkt der Befreiung des Kindes an, d. h. an der psychoanalytischen Kritik der Unterdrückung der kindlichen Sexualität. Die andere
Seite dieser Frage, die Warnung vor zuviel libidinöser oder sexueller Stimu-
lierung wurde nicht diskutiert (vgl. dagegen Schmidt, 1923, S. 15). Der Gedanke, daß die Kinder in den Erwachsenen Vorbilder reifer sexueller und
allgemein erwachsener Verhaltensweisen kennenlernen können sollten,
kam zu kurz. Die Unterschiede zwischen dem Verhalten von Erwachsenen
und dem von Kindern wurden eher eingeebnet. Ähnliches läßt sich im Hinblick auf die Diskussion der aus der Ödipuskonstellation erwachsenden
Autoritätsthematik feststellen. Die psychoanalytische Ödipustheorie
wurde nur unvollständig rezipiert: Zur Autoritätskritik bot vor allem die
Lehre vom positiven Ödipuskonflikt die notwendige Stütze; daß die Psychoanalyse in Gestalt des negativen Ödipuskonflikts eine durchaus gegen-
läufige psychische Strömung beschreibt, wurde kaum zur Kenntnis genommen. Gänzlich unbeachtet blieben die Revision und der pädagogische
Pessimismus der Psychoanalytischen Pädagogik, die psychoanalytische
Ichpsychologie und die Bedeutung der unbewußten Übertragungs- und
Gegenübertragungsbeziehungen im Erziehungsprozeß.

Zwei psychoanalytische Begriffe wurden von den antiautoritären Erziehern zur theoretischen Begründung ihrer Arbeit besonders häufig verwendet: »Fixierung« und »Selbstregulierung«. Fixierung ist bei Freud ein häufig verwendeter Terminus, der sich auf die Tatsache bezieht, daß alle
Menschen, besonders aber Neurotiker durch infantile Erlebnisse geprägt
werden und mehr oder weniger stark infantilen Befriedigungen, Bezie-
hungsformen und Objekten verhaftet bleiben. Im Zusammenhang mit den
Objektbeziehungen bezeichnet der Terminus das Mißlingen der Ablösung

von den Eltern als den ersten Liebesobjekten in der Pubertät. Der Gebrauch dieses Begriffs in der antiautoritären Bewegung erweckt allerdings den Eindruck, als solle schon in den ödipalen Konflikten eine enge Eltern-Kind-Beziehung vermieden und durch die Erziehung im Kollektiv korrigiert werden. »Die Kinder sollen ihre ausschließliche Fixierung an die Eltern und die autoritär strukturierte Kleinfamilie abbauen, zugunsten anderer sozialer Beziehungen.« (Pieper, G., 1970, zit. n.: Henningsen, 1973, S. 54) Dementsprechend gilt die Warnung vor einer Fixierung gerade auch den Eltern. Sie sollen ihre Fixierungen an das Kind abbauen, um die Übertragung ihrer sexuellen Problematik auf die Kinder zu verhindern und um diese ihrerseits vor autoritären Fixierungen an die Erwachsenen zu schützen. Die Warnung vor Fixierungen erweckt in manchen Publikationen den Eindruck, als müsse die Eltern-Kind-Beziehung soweit wie möglich gelöst werden und als dürfe es gar keine Erwachsenen-Vorbilder mehr geben. So heißt es z. B. in einem Bericht aus einem Berliner Kinderladen, die Beteiligten hätten zu Beginn ihrer Arbeit noch in Kleinfamilien gelebt. Damit ist aber bald Schluß: »In der ersten Phase ist eine Ablösung der Eltern durch einen therapeutischen Prozeß nötig, an dessen Ende es den Kindern möglich ist, einen wesentlichen Teil ihrer Bedürfnisse auf das Kinderkollektiv zu übertragen. Dieser therapeutische Prozeß baut psychoanalytisch auf einer möglichst weitgehenden Befriedigung sexueller und libidinöser Bedürfnisse, einschließlich der Regression in frühere Stadien auf« (Autorenkollektiv Charlottenburg, 1973, S. 27). Wenn wir vom Einfluß der Psychoanalysekonzeption Marcuses absehen, der hier im letzten Satz anklingt, stellt sich doch die Frage, was für eine Art von Psychoanalyse da gemeint ist, die eine solche Ablösung der Eltern bewirken soll. Es ist ganz offensichtlich ein Mangel, daß die Diskussion der Psychoanalytischen Pädagogik darüber, inwieweit die Erziehung durch das Kollektiv die Erziehung in der Familie ergänzen und korrigieren kann, nicht aufgegriffen wurde. Die psychoanalytische Psychologie der frühkindlichen Objektbeziehungen läßt keinen Zweifel daran, daß auch in unserer Gesellschaft ein gewisses Maß an Abhängigkeit von den Eltern durchgestanden werden muß, damit in späteren Phasen eine vollständige Ablösung möglich wird. Dieser Gesichtspunkt ist im Hinblick auf die Erziehung im und durch das Kollektiv wichtig, bei der ein dialektisches Verhältnis Individuum/Kollektiv zustandekommen soll. »Das Kind soll sich als Mitglied einer Gemeinschaft fühlen, aber nicht als ein in der Masse aufgegangenes Individuum« (Schmidt, 1923, S. 14). Soweit die Warnung vor Fixierungen aber vor allem die Gefahren meint, die aus einer zu weit gehenden Isolierung des Kindes in der Kleinfamilie resultieren, ist sie ein Bestandteil der Tradition der Psychoanalytischen Pädagogik.

Eine zentrale Bedeutung in der Diskussion der antiautoritären Erzieher spielt der seinem Ursprung nach wesentlich dubiosere Begriff der »Selbst-regulierung«. Er kommt bei Freud nicht vor, sondern gehört zum theoreti-schen Konzept von Wilhelm Reich, der in einigen wesentlichen Fragen das Terrain der psychoanalytischen Theorie verlassen hat. Bei ihm wurde das Unbewußte zum Biologischen im Menschen. Das Idealbild psychischer Gesundheit ist in seiner Konzeption der »genitale Charakter«, d. h. der Mensch, dessen Ich sexualbejahend ist und deswegen dem Es umso leichter gewisse Hemmungen auferlegen kann, als es ihm in der Hauptsache, der Libidobefriedigung, nachgibt. Der »sexuell und in seinen primitivsten bio-logischen und kulturellen Bedürfnissen Befriedigte hat keine Moral zur Selbstbeherrschung notwendig«. Beim genitalen Charakter sind die mora-lischen Instanzen abgebaut, an ihre Stelle tritt die »libidoökonomisch fundierte Selbststeuerung des Handelns« (Reich, 1933, S. 101 und 196; zu-sammenfassend: Burian, 1972). In dieser Konzeption erscheint Bedürfnis-befriedigung nach dem Vorbild des Gangs auf die Toilette konzipiert zu sein, den man aus einem inneren dunklen Drang heraus tut und an dem nach der Befriedigung des Bedürfnisses solange kein Interesse mehr besteht, bis ein neuer Drang sich angestaut hat. Es ist jedoch nicht leicht zu erkennen, inwieweit der Terminus Selbstregulierung bei den antiautoritären Erzie-hern diese Bedeutung hat. Jedenfalls wird, wenn z. B. gegen die Annahme der Psychoanalytischen Pädagogik, die Triebe der Kinder seien nicht voll zu befriedigen, die Gegenthese, dies sei möglich, vertreten wird, nicht be-rücksichtigt, daß das Bedürfnis selbst, seine Befriedigungsmöglichkeiten erst in Lernprozessen erworben worden sind. Soweit mit Selbstregulierung »weder bloßes Gewährenlassen im Vertrauen auf naturwüchsige Eigen-schaften der Kinder noch Einüben des bloßen Protestes gegen Regeln und Gewohnheiten« gemeint ist, sondern der Versuch, dem Kind dazu zu ver-helfen, »die eigenen Bedürfnisse zu erkennen, zu artikulieren und zu be-friedigen« (Seifert, 1973), kann es sicher zu recht als das zentrale Ziel an-tiautoritärer Erziehungspraxis gelten. Verabsolutieren läßt sich jedoch auch diese Maxime nicht. Die These, daß Kinder selbst wissen, was für sie gut ist, ist selbst nicht voraussetzungslos. Bittner verweist auf Erfahrungen von Maria Montessori, die eine Bedingung nennt: »Die Kinder müssen zur ›Konzentration‹ gekommen sein, die es ihnen erst ermöglicht, ihre wirkli-chen Bedürfnisse zu erkennen und nicht momentane Launen dafür zu hal-ten« (Bittner, 1972, S. 58). Es bedürfte einer ausführlichen Diskussion un-ter psychologischen und gesellschaftswissenschaftlichen Gesichtspunkten, um die Grenzen der Gültigkeit des Selbstregulierungsprinzips zu klären. Offensichtlich ist jedenfalls, daß einigen der antiautoritären Erzieher klar ist, daß es auch ihnen nicht erspart bleibt, dem Kind Dinge zu versagen. Vielleicht berücksichtigen sie zu wenig, welche Versagungen aus psycho-analytischer Sicht unvermeidlich sind, aber sie heben andererseits den wichtigen Gesichtspunkt hervor, daß der gesellschaftliche Sinn der Hindernisse geklärt werden sollte, die dem Selbstregulierungsprinzip im Wege stehen. »In einer Gesellschaft, in der eine Minderheit die Mehrheit ausbeuten und beherrschen kann« (Seifert, 1969, S. 225), sind sie nicht zufällig oder gleichmäßig verteilt.

Die mangelhafte Psychoanalyserezeption der antiautoritären Erzieher muß zwar kritisiert werden, kann aber nicht als der ausschlaggebende Gesichtspunkt für die Beurteilung ihrer pädagogischen Arbeit gelten. Die Impulse, die von ihrem Kampf gegen die herkömmliche Erziehung ausgegangen sind, sind sehr wichtig. Das Scheitern ihrer liberalen Zielvorstellungen und die radikale Kehrtwendung zur ideologisch-doktrinären Kinderschulung einiger ursprünglich antiautoritärer Erzieher sind weniger einzelnen Erziehern anzulasten, als vielmehr als Symptome einer gesellschaftspolitischen Entwicklung zu verstehen. Antiautoritäre Erziehung, »die individuelles wie kollektives Glück, Realitätstüchtigkeit und Widerstand gegen Herrschaft und Ausbeutung über die physische, psychische wie intellektuelle Befriedigung und Entfaltung des Kindes erreichen will« (Wolff, 1973, S. 19) und damit die Anpassung der Erziehung an die technologischen und herrschaftlichen Interessen des Kapitals verweigert, hat keine Konjunktur mehr. Als gescheitert kann ihre Arbeit jedoch erst gelten, wenn der Fehler wiederholt wird, den sie bei ihrer flüchtigen Psychoanalyserezeption begangen haben: »Die Hoffnungen müssen immer an den Erfahrungen erst geprüft werden, ein Verfahren, das allein den Namen wissenschaftlicher Erziehung verdient« (Bernfeld, 1926, S. 84).

Die Psychoanalyse in der Sozialarbeit

Ein Überblick über die Bedeutung der Psychoanalyse für die Sozialarbeit zeigt, daß es eine psychoanalytisch konzipierte Sozialpädagogik und Sozialarbeit bisher allenfalls für den Bereich der Einzelfallhilfe gibt (Kutter, 1974, siehe auch Leber/Reiser, 1972). Wie eine psychoanalytisch geschulte Wahrnehmung dem Sozialarbeiter helfen kann, hat Salzberger-Wittenberg (1973) übersichtlich dargestellt. Sie beschreibt typische Gefühls- und Übertragungskonstellationen, in die der Sozialarbeiter häufig gerät. Wenn man davon absieht, daß sie sich theoretisch besonders an Melanie Klein orientiert, könnte der englische Originaltitel ihres Buches – *Psychoanalytic Insight and Relationship: A Kleinian Approach* – auch als Beschreibung für den theoretischen Ansatz der Arbeiten von Horst Eberhard Richter gelten (1974, S. 254 ff.). Was er als »introspektives Konzept« bezeichnet, ist der Versuch, dazu anzuleiten, die eigenen psychischen Reaktionen, die Widerstände, Abwehrhaltungen usw., die sich im Umgang mit anderen Menschen aus anderen sozialen Schichten oder Gruppen ergeben, wahrzunehmen und sie daraufhin zu überprüfen, was in ihnen »soziologisch relevante Kräfte und Tatbestände in gruppendynamischer und personalisierter Verdichtung« sind.

»Die Psychoanalyse führt hier also zu Wahrnehmungen von gesellschaftlichen Tatbeständen, für welche die persönlichen und die gruppendynamischen Reaktionen lediglich die Bedeutung von Indizien haben.« Dieses Konzept impliziert eine Ausdehnung der traditionellen Perspektive der Psychoanalyse: »Wir verstehen unter Psychoanalyse im weiteren Sinne eine Methode der Wahrnehmung der inneren Realität des einzelnen Menschen, zugleich aber auch der Wahrnehmung der unbewußt vermittelten Beziehungen zwischen verschiedenen Menschen wie zwischen dem Individuum und seinen sozialen Bedingungen überhaupt. Als Wissenschaft vom Unbewußten beschäftigt sich die Psychoanalyse nicht nur mit den unbewußten Niederschlägen früherer Erfahrungen, sondern ebenso mit den unbewußten Auswirkungen der augenblicklichen sozialen Realität. Die Psychoanalyse versucht, die unzugänglich gewordenen Erinnerungen an die eigene Lebensgeschichte wieder erfahrbar zu machen, sie versucht aber auch, alle sich im Unbewußten auswirkenden Einflüsse der momentanen realen Situation bewußt zu machen.« (Richter, 1976, S. 15)

Der Psychoanalytiker als Spezialist für mißlingende zwischenmenschliche Beziehungen interessiert sich nun auch für die psychische Beeinflussung durch die »aktuelle Umwelt« und für das Verhalten in anderen Gruppen als der Familie. Er will damit die bisherige Unterschätzung der »sozialen Abhängigkeit des psychischen Lebens« korrigieren. Die Psychoanalyse paßt sich den veränderten psychischen Bedürfnissen und Wünschen ihrer erweiterten Klientel an. Immer häufiger hat es der Psychoanalytiker mit Klienten zu tun, die nicht an einer Einzeltherapie interessiert sind, sondern an einer Therapie der Beziehungskonflikte, in die sie sich gemeinsam mit anderen – mit den Ehepartnern, ihren Kindern und anderen – verstrickt haben, oder die an einer allgemeinen Störung ihrer Kontaktfähigkeit leiden (Richter, 1972, S. 34 ff.). Hinzu kommt eine völlig neue Spezies von Klienten, d. h. »Individuen (oder Gruppen von Individuen), die nach den geltenden Kriterien nichts mit Kranken gemein haben.« Es sind Angehörige verschiedener sozialer Berufe, die die psychischen Probleme ihrer Bezugsgruppen verstehen lernen wollen, um ihre Berufsrolle besser zu spielen.

Das besondere Interesse Richters gilt jedoch der psychoanalytischen Betreuung von sozialreformerischen Initiativgruppen, die in unterschiedlicher Weise in verschiedenen sozialen Bereichen das Ziel verfolgen, das

»Prinzip der Selbststabilisierung der Stärkeren mit Hilfe und auf Kosten der Schwächeren« abzubauen. Für sie ist die Gruppe einerseits »eine Art Werkstatt, in der bzw.

von der aus man versucht, soziale Strukturen zu verändern. Sie wird u. a. als eine Basis benutzt, die Zweierbeziehung bzw. die Ehe zu reformieren. Sie wird zum Ausgangspunkt für Experimente mit neuen Formen der Kindererziehung. Sie wird teilweise als repräsentative Mikrogesellschaft unter politischem Aspekt verstanden: also als ein verkleinertes Modell der Gesamtgesellschaft, innerhalb dessen man Demokratisierung, Abbau von Abhängigkeiten, Bewältigung von Minderheitenproblemen, Aufdeckung von Konflikthintergründen usw. einzuüben versucht. Und schließlich kann man die Gruppe im Sinne eines Initiativ-Kollektivs als Träger nach außen gerichteter politischer oder sozialer Aktivitäten verwenden.« (a.a.O., S. 35)

Richter hat festgestellt, daß die neue Bewegung der Gruppentherapie weniger eine Erfindung der Psychotherapeuten ist, als vielmehr »deren zwangsläufige Reaktion auf veränderte Therapiebedürfnisse der Menschen«. Die Korrektur der bisherigen psychoanalytischen Unterschätzung der »sozialen Abhängigkeit des psychischen Lebens« scheint bei ihm jedoch keine Folgen für die psychoanalytische Theorie zu haben. Sie bleibt in seinem Konzept unverändert bzw. eine Hilfswissenschaft. Seinem Theoriedefizit steht allerdings ein praktisches sozialpädagogisch-therapeutisches Engagement gegenüber, das, so reformistisch es auch ist, doch schon wirkungsvoll und publikumswirksam genug war, um ihm die Diffamierung als einem Sympathisanten radikaler Gesellschaftsveränderer einzutragen.

Psychoanalytischer Interaktionismus und Pädagogik

In Anknüpfung an den symbolischen Interaktionismus und an die Rollentheorie macht Franz Wellendorf den Versuch »einige Aspekte der Schule als Institution mit Hilfe soziologischer und psychoanalytischer Fragestellungen genauer zu analysieren«. Sein Ausgangspunkt ist ein Konzept von Ich-Identität, das er als eine Balance auffaßt »zwischen der Aufforderung, zu sein wie die anderen und zu sein wie kein anderer – in der horizontalen Dimension gleichzeitig aktualisierbarer Rollen und in der vertikalen Dimension der individuellen Biographie«. Da er auch die affektive, unbewußte Seite dieser Vorgänge berücksichtigen will, bedient er sich Lorenzers interaktionistischer Neuformulierung der psychoanalytischen Metatheorie, um die Begriffe Interaktion und Szene zu erweitern. »Konkrete schulische Interaktion und Szenen, in denen sie ablaufen, sind offenbar nicht nur durch Symbole vermittelt, die in einer von Lehrern und Schülern und anderen Beteiligten öffentlich akzeptierten Sprache ihren Sinn haben, sondern auch durch Manifestationen, deren Bedeutung nichtreflexiv von den Interaktionspartnern angegeben werden kann, obgleich sie ›verstanden‹ wird und die Interaktionsprozesse bestimmt« (Wellendorf, 1973, S. 42). Lorenzers Ansatz erweist sich in dieser Perspektive als sehr vorteilhaft, insofern er eine nicht-familialistische Analyse der schulischen Verhältnisse ermöglicht. Indem Wellendorf »die Schule als ein szenisches Arrangement« auffaßt, gelangt er zu aufschlußreichen Darstellungen der Festlegungen der Verhaltensweisen in Ritualen und Zeremonien. Besonders in seiner Diskussion dessen, was die schulischen Rollenzwänge an Affekten und Triebimpulsen unterdrücken oder ausklammern, wird deutlich, daß in einem interaktionistischen Psychoanalyseverständnis, das vor allem auf die Analyse von Kommunikationsstrukturen gerichtet ist, zu kurz kommt, was die traditionelle Pschoanalyse als Psychologie bieten kann. Bei der Diskussion der unbewußten Dimensionen der Lehrer/Schüler-Beziehungen vernachlässigt Wellendorf nicht nur die Perspektive einer objektiven Theorie subjektiver Strukturen, in der Subjektivität als der Niederschlag konkreter Interaktion im Individuum verstanden wird, sondern er bringt die psychoanalytischen Einsichten unbewußter Übertragungsbeziehungen rollentheoretisch eingeengt nur noch in der Sprache der Berneschen »Transaktionsanalyse« vor. »In die Gesamtheit der Erwartungen, denen sich der einzelne in den schulischen Szenen konfrontiert sieht, gehen nicht nur die Erwartungen seiner Interaktionspartner hinsichtlich eines im offiziellen Bedeutungszuammenhang adäquaten Verhaltens ein, die mit seiner, diesem Bedeutungszusammenhang entsprechenden Rolle – als Schüler oder Lehrer – verbunden sind. Die Szene wird vielmehr auch durch die unbewußten »Erwartungsphantasien« strukturiert, die den Interaktionspartnern die Erfüllung einer bestimmten Funktion bei der Bewältigung eigener archaischer Konflikte zuweisen. Im szenischen Arrangement der Schule tritt der Lehrer also nicht nur als Lehrer auf. Er aktualisiert auch Verhaltensmodelle aus familiären Interaktionsprozessen (Vater, Mutter, Onkel, Großeltern, Kinder etc.); der Schüler übernimmt nicht nur die Rolle des Schülers, sondern bringt in sein Handeln auch die an seine persönliche Biographie gebundenen Erfahrungen mit den Rollenmodellen des Kindes, des Bruders bzw. der Schwester, der Eltern etc. ein. Geht man davon aus, daß den verschiedenen Interaktionsebenen jeweils ein anderer Ich-Zustand entspricht, so kann man die Interaktion zwischen Schülern und Lehrern danach unterscheiden, auf welchen Ich-Zuständen (Kindheits-Ich, Eltern-Ich, Schüler- bzw. Lehrer-Ich) sie basieren. In bezug auf gegenwärtige Interaktionen kann man deshalb fragen, ob Lehrer und Schüler jeweils vom Eltern-Ich, Lehrer-Ich, Schüler-Ich oder Kindheits-Ich aus agieren« (Wellendorf, 1973, S. 182).

Auch bei Horst Rumpf steht die Frage nach der Bewahrung von Identität in der Schule im Mittelpunkt seiner Überlegungen. Ihn interessiert vor allem, was der kindlichen Identität zugefügt wird, wenn die Lernprozesse in der Schule so gestaltet werden, daß eine Kontinuität der Erfahrungszusammenhänge außerhalb und innerhalb der Schule nicht möglich ist. Die Bedeutung dieses Sachverhalts ist schon von Psychoanalytischen Pädagogen ohne Bezug zum Identitätsbegriff hervorgehoben worden. Erziehung zur Bewältigung der Triebregungen und zur Realitätstüchtigkeit muß dem Kind »Gelegenheit zu Tätigkeiten geben, die ihm lustvoll sind und gleichzeitig den Einsatz seiner ganzen Intelligenz fordern« (Peller, 1933, S. 116. Dort sind auch die folgenden Zitate zu finden.) Zwei Fehler kann die Erziehung dabei begehen. Sie kann Betätigungen ermöglichen, die zwar lustvoll sind, aber »die Energie des Kindes im Spielerischen verplätschern« lassen, oder aber »die Betätigungen, die sie dem Kind gibt, kümmern sich wenig um die Wünsche des Kindes. Diesen Fehler finden wir meist in der Schule. Die Leistungen, die dort von ihm verlangt werden, knüpften nicht an seinen ursprünglichen Tendenzen an, sind von der inneren Entwicklung des Kindes gesehen, ziemlich willkürlich«.

Im Vergleich zu Wellendorf, der die schulischen Interaktionen sozusagen von außen betrachtet, sind Rumpfs sensible Beobachtungen die eines Teilnehmers, der die Inhumanität des schulischen Lernens selbst empfindet. Aus dieser Sicht kritisiert er Wahrnehmungsverkürzungen, wie sie sich auch bei Wellendorf ergeben. »Verbreitete (interaktionistische) Vorstellungen über wünschenswerte Verarbeitungen solcher Spannungen der Selbst- und Welterfahrung bleiben leicht formal und abstrakt-programmatisch: formal, wenn technische und ökonomische Metaphern wie ›Rollenflexibilität‹, ›Identitätsballance‹, ›Identity bargaining‹, ›Identitätsorganisation‹, ›plastische Hierarchie‹ die Argumentation steuern und die lebensgeschichtliche und natürlich-sinnliche Mitgift der Subjekte zu beliebig handhabbarem Material zu entqualifizieren drohen; abstrakt-programmatisch, weil die Herkünfte und die inhaltlichen Qualitäten der belastenden Anforderungen ebenso blaß bleiben wie die verschiedenen Arten, etwas mit diesen Belastungen anzufangen, um mit ihnen leben zu können. Man sieht bei der abstrakten Empfehlung von Rollenflexibilität und Identitätsbalance nicht schärfer auf die Art und Herkunft der Schubkraft, die die Subjekte unter Druck setzt, man wird auch nicht aufmerksam auf konkrete Situationen und Handlungszusammenhänge, auf Szenen also, in denen Menschen irgendwie damit fertig zu werden suchen, daß Anteile ihrer Selbst von Annullierung bedroht sind. Was mit bestimmten moralischen, wissenschaftlichen, weltanschaulichen, ökonomischen oder auch didaktisch-erzieherischen Normen unverträglich ist, kann in wichtigen Beziehungen der Exkommunikation verfallen: eine sehr alltägliche Praxis.« (Rumpf, 1976, S. 164)

Rumpfs Forderungen nach einem Unterricht, der das Lebens-Ich des Schülers vom Lerner-Ich nicht total abspaltet, führt zur Frage, »wie eine für zwischenmenschliche Bedeutungen sensible Unterrichtsforschung aussehen könnte, die also auf curriculare Zielsetzungen und Interessen anspräche und nicht bloß bedeutungsneutrale Lehrer- und Schülerverhaltensweisen registrierte, verrechnete und erklärte«. Curriculare Modelle, »die auf individuelles und subjekthaftes anprechen«, setzen beim Lehrer entsprechende Qualitäten voraus. Obwohl Rumpf auf die Psychoanalyse kaum eingeht, muß er hier doch erwähnt werden, da seine Fragen, wieviel nicht in die Erfahrungskontinuität einzuarbeitende Lernforderungen, wieviel ichfremde Lernaktivitäten heute in bestimmten Lehr- und Lebenszusammenhängen unabdingbar sind und warum, in die Richtung einer objektiven psychoanalytischen Theorie des Subjekts weisen. Curricula, deren Unterrichtsinhalte »lebensgeschichtlich bedingte Definitionsdivergenzen begünstigen«, sind mit einer rigorosen zielorientierten Homogenisierung der ins Spiel des Unterrichts kommenden Deutungsschemata und Definitionstendenzen unvereinbar. »Die diskrepanten Situationsdefinitionen kommunikativ zu bearbeiten, dürfte nur gelingen, wenn die Aktivitäten der Beteiligen nicht blanko auf das Konto einer unanalysierten Spontaneität und Selbständigkeit verbucht werden. Hier müssen zur Entwicklung, zur Realisierung, zur Evaluation des Unterrichts relevante Theorien herangezogen werden, mit deren Hilfe zielbedeutsame Aktions- und Interaktionsfiguren von anderen unterschieden werden können. Denn nicht alle in eine offene Situation eingebrachten Definitionen und Definitionsdivergenzen können in einem Curriculum gleich bedeutsam sein. Der von Psychoanalyse und kritischer Theorie herkommende Ansatz von Klaus Horn würde vermutlich erlauben, bestimmte symbolische Interaktionsäußerungen daraufhin zu diagnostizieren, ob und wie das Ich Anforderungen der ersten Natur mit Anforderungen (Traditionen, Zwängen) der zweiten (gesellschaftlichen) Natur zu vermitteln, symbolisch zu bearbeiten und zur kommunikativen Verhandlung zu stellen gelernt hat. Die Ausarbeitung dieser Theorie auf Interaktionshandeln hin ermöglichte es wohl, von der Verherrlichung einer diffusen Spontaneität – die offene Curricula immer bedroht – abzukommen, ohne die verhaltenstechnologische Reduktion der Subjekte in Kauf nehmen zu müssen.« (Rumpf, 1976, S. 164)

Indem Rumpf sich darauf beschränkt, Anregungen von seiten des symbolischen Interaktionismus und einer sozialwissenschaftlich orientierten Psychoanalyse aufzugreifen und zu verdeutlichen, wo die Psychoanalyse als kritische Theorie des Subjekts gebraucht wird, sind seine behutsamen Formulierungen überzeugender als es eine glatt formulierte Anpassung der interaktionistischen Theorie der Psychoanalyse an Bedürfnisse der Praxis sein könnte.

Wenn die Psychoanalyse nur in der interaktionistischen Neuformulierung Lorenzers berücksichtigt wird, wird leicht übersehen, daß diese zwar den Gegenstand der Psychoanalyse neu definiert und ihr neue Forschungsbereiche erschließt, aber ihre Praxis nicht explicit in Frage stellt. Wenn die perspektivische Veränderung, die sich aus einem sozialwissenschaftlich aufgeklärten Psychoanalyseverständnis ergibt, nicht beachtet wird, sondern nur untersucht wird, was der Psychoanalyse bisher auch schon zugänglich war, entsteht leicht die Gefahr, daß alte psychoanalytische Einsichten nur in neue Formulierungen übersetzt, aber nicht präzisiert oder erweitert werden. Diesen Eindruck, alten Wein in neuen Schläuchen anzubieten, erwecken auch einige Passagen des theoretischen Teils der Untersuchungen, die in der Hessischen Stiftung für Friedens- und Konfliktforschung (HSFK) über die gesellschaftlichen Bedingungen aggressiven Verhaltens und den besonderen Bereich Aggression und Schule angestellt werden (siehe Büttner, u. a., 1977; Beier, u. a., 1977; Volmberg, u. a., 1977). Diese Kritik verliert freilich dadurch an Gewicht, daß es sich bei den betreffenden Texten um theoretische Vorverständigungen handelt. Von diesen den Zugang zur Praxis zu finden, ist offensichtlich schwierig. In den praxisnahen Untersuchungen dieser Autoren über Aggression und Schule spielt die interaktionistische Formulierung der Psychoanalyse keine zentrale Rolle mehr. Ihre analytische Brauchbarkeit erweist sich ihnen aber zum Beispiel bei der Differenzierung des kindlichen Verhaltens unter den Gesichtspunkten Körperspiel, Materialspiel und Sprachspiel. Der Bruch zwischen dem theoretischen und dem praxisbezogenen Teil verhindert, daß die gesellschaftskritische Perspektive, die den Ausgangspunkt darstellt, durchgängig zur Geltung kommt. Bei der Beantwortung der Frage nach Möglichkeiten zu praktischem Eingreifen verlieren die Autoren der HSFK-Studien die Kritik der sozialen Grenze aus den Augen. Sie erwägen eine bessere Qualifizierung des Lehrers, der die Bedeutung der affektiven Prozesse der kindlichen Entwicklung auch in der Schule jederzeit im Auge behalten und berücksichtigen können soll. Ihr besonderes Interesse gilt Konzepten therapeutischer Spielpädagogik, deren Attraktivität für sie nicht zuletzt darin zu liegen scheint, daß sie auch von Lehrern praktiziert werden können, die therapeutisch nicht ausgebildet sind. Spielpädagogische Verfahren sind ein traditioneller Bestandteil der psychoanalytischen Behandlungsmethoden. Es ist legitim, sie aufzugreifen und weiterzuentwickeln. Die Fortsetzung solcher Vorgehensweisen und die wissenschaftliche Auseinandersetzung damit sind nicht zu kritisieren. An dieser Stelle läßt sich jedoch ein Hinweis einfügen, der sich ganz allgemein auf kritische Sozialwissenschaftler bezieht, die der Versuchung des Therapeutischen erliegen. Sie wären zu fragen, ob sie nicht eine »Pflichtverletzung« begehen. Die therapeutische Verschiebung der Grenzen der Erziehung im Kind und im Erzieher können die Kritik und die Veränderung der gesellschaftlichen Grenze der Erziehung nicht ersetzen. Dazu ist zuallererst notwendig, daß detailliert nachgewiesen wird, in welcher aktuellen politischen Konstellation diese auf das Erziehungssystem wirkt. Wenn sich von einer solchen

Analyse her dann politische Stellungnahmen ergeben, sind diese nicht unwissenschaftlicher als die Option für therapeutisch-pädagogische Vorgehensweisen. Auch letztere impliziert eine politische Stellungnahme.

Erziehung ohne Erzieher

Obwohl in interaktionistischen Formulierungen der Psychoanalyse weniger deutlich ist, daß die psychoanalytische Psychologie der Psychologie der praktischen Menschenkenntnis sehr nahe ist, wie wir sie in alltäglichen Situationen brauchen, um Menschen oder Situationen zu verstehen und zu beurteilen, gilt doch in jedem Falle, daß ihr Ausgangspunkt konkrete Individuen in konkreten Situationen sind. Die Beziehungs- bzw. Kommunikationsstörungen und -konflikte, die sie untersucht, stehen nicht als solche zur Diskussion, sondern unter dem Aspekt, welchen lebensgeschichtlichen Sinn sie für die Beteiligten haben. Gerade auch das Verständnis von Übertragungsvorgängen und neurotischen Verhaltenszwängen verweist auf die psychische Entwicklung und die psychische Struktur des Individuums. Wenn man diese Dimension ausblendet und die interagierenden Individuen nur noch als Momentpersönlichkeit gelten läßt, gelangt man zu einer Sichtweise, in der nur noch die Kommunikationsstörungen, nicht aber ihr Sinn für die Beteiligten oder ihr gesellschaftlicher Sinn interessieren. Eben dies ist die Perspektive von Thomas Gordon. Von ihm stammt ein »erzieherisches« Konzept, das er als Patentrezept für Familie und Schule anpreist, das insofern aber gar nicht pädagogisch gemeint ist, als sich bei seiner Befolgung herausstellen soll, daß Erziehung überflüssig ist. Gordon geht von Verhaltensempfehlungen wie Verständnis, aufmerksames Zuhören, gegenseitiges Akzeptieren usw. aus, die aus psychoanalytischer Sicht durchaus empfehlenswert erscheinen. Zugleich stellt er jedoch einen Katalog von 12 traditionellen erzieherischen Verhaltensweisen auf, die alle zu vermeiden sind. Dazu gehören: befehlen, anordnen, kommandieren; warnen, ermahnen, drohen; zureden, moralisieren, predigen; beraten, Lösungen geben oder Vorschläge machen; Vorhaltungen machen, belehren, logische Argumente anführen; urteilen, kritisieren, widersprechen, entschuldigen; loben, zustimmen; beschimpfen, lächerlich machen, beschämen; interpretieren, analysieren, diagnostizieren; beruhigen, bemitleiden, trösten, unterstützen; forschen, fragen, verhören; zurückziehen, ablenken, aufheitern, zerstreuen (Gordon, 1972, S. 48ff.).

Anstelle solcher Reaktionen – es sind gerade jene, »die professionelle Therapeuten und Berater in ihrer Arbeit mit Kindern zu vermeiden gelernt haben« – sollen nur noch die ständige Bereitschaft treten, das Kind mit seinen Empfindungen anzunehmen und ihm in seinen Problemen wirklich behilflich sein zu wollen. Dazu muß man lernen, aktiv zuzuhören. Die Technik des aktiven Zuhörens besteht im wesentlichen darin, im Gespräch dem Kind seine eigenen Äußerungen ohne zusätzliche Interpretation so umformuliert zurückzugeben, daß es sich über seine Empfindungen klar werden kann und damit über »die Definition des Problems«. Eltern und Kinder bzw. auch Lehrer und Kinder sind in diesem Konzept gleichgestellte Partner, von denen keiner jemals recht haben oder bekommen kann. Anders ausgedrückt, in Konflikten soll sich nie einer durchsetzen und der andere verlieren können. Die Beteiligten müssen sich jeweils einigen. Wie dies erreicht werden kann, wird von Gordon ausführlich beschrieben.

Dieses quasi-therapeutische Verhalten schließt offensichtlich nicht nur die Verhaltensweisen aus, die oben als Überichpädagogik beschrieben wurden, sondern auch solche, die dem Erzieher Konturen verleihen, die dem Kind erst ermöglichen, sich mit ihm auseinanderzusetzen, sich an ihm abzuarbeiten, in ihm ein Vorbild zu haben. Ob Eltern oder Lehrer, die Erzieher dürfen keinerlei Autorität mehr haben, sie sind – angeblich – gleichberechtigte Partner, deren persönliche Eigenarten, altersspezifische Bedürfnisse, Geschlecht usw. keine Rolle spielen. Es kommt jeweils nur darauf an, daß sie sich auf gemeinsame Entscheidungen einigen können, in denen keiner das Gefühl hat, den kürzeren zu ziehen. Die Tabuisierung jeder Art von Konflikt schließt die Frage aus, ob vielleicht doch jemand benachteiligt worden ist oder nicht. Ausschlaggebend ist nur, daß keiner das *Gefühl* hat, benachteiligt zu werden und es kommt nur darauf an, daß die Beziehungen zwischen den Partnern harmonisch bleiben. Die wenigen Bemerkungen, die Gordon zur Psychologie der Beteiligten macht, unterstreichen nur, daß sie nur als Momentpersönlichkeiten gelten. Gefühle z. B. wechseln oft schnell, »sie existieren nur für den Augenblick« (Gordon, 1977, S. 73). Und da allein die Beziehung ausschlaggebend ist, kann sie, soweit sie »gut« ist, zu jedem beliebigen Ziel führen.

»Unser Kursus beruht im wesentlichen auf der Annahme, daß für einen Unterricht die Qualität der Lehrer-Schüler-Beziehung entscheidend ist, gleichgültig was Lehrer lehren. Latein, Geschichte, Mathematik, Englisch, Deutsch, technisches Zeichnen oder Chemie, alles kann für junge Menschen von einem Lehrer interessant gemacht werden, der gelernt hat, wie er zu den Schülern eine Beziehung herstellt, in der die Bedürfnisse der Schüler vom Lehrer respektiert werden.« (Gordon, 1977, S. 21)

Dieser Respekt besteht allerdings nur darin, daß sie nie von vornherein zurückgewiesen werden, daß sie an der endgültigen Entscheidung beteiligt werden. Die vorgegebenen institutionellen oder organisatorischen Faktoren werden nie in Frage gestellt. Verhandelt wird jeweils immer nur über die momentanen »Bedürfnisse«. Was Kupffer der antiautoritären Erziehung zu Unrecht vorwirft, trifft hier voll zu. Gordons Methode ist durch und durch konservativ, weil sie »Herrschaftsstrukturen als blinde Passagiere mitschleppt und die Erziehungspartner nach wie vor an Konstanten bindet« (Kupffer, 1974, S. 7). Die gesellschaftspolitische Dimension einer solchen Pseudo-Erziehung, die jede Art von Autorität und damit auch die antiautoritäre Komponente unmöglich machen will und harmonische Beziehungen ungeachtet ihrer objektiven Voraussetzungen für das höchste Ziel hält, wird von Gordon selbst genannt:

»Der Mensch ist eher motiviert, eine Entscheidung in die Tat umzusetzen, an deren Entstehung er beteiligt war, als eine Entscheidung, die ihm von anderen aufgezwungen worden ist. Die Gültigkeit dieses Prinzips ist immer und immer wieder durch Experimente in der Industrie bewiesen worden. Wenn Arbeitnehmer daran beteiligt gewesen sind, eine Entscheidung zu treffen, führen sie sie mit höherer Motivation aus als eine Entscheidung, die einseitig durch ihren Vorgesetzten getroffen worden ist. Und leitende Angestellte, die ihren Untergebenen ein höheres Maß an Mitbestimmung in Dingen einräumen, die sie angehen, erhalten sich hohe Produktivität, hohe Arbeitsbefriedigung, hohe Arbeitsmoral und geringen Wechsel am Arbeitsplatz.« (Gordon, 1972, S. 192)

Vom Chef ist nicht die Rede, auch nicht davon, wer darüber entscheidet, was die Untergebenen »angeht«. Darauf bereitet die Kinderstube vor, die zur pädagogischen Gummizelle gemacht wird, in der die Eltern vor lauter Annahme jedes natürliche Benehmen aufgegeben haben und in der weder das Kind noch die Erzieher sich durchsetzen, sondern die Verhältnisse, in denen sie, jeden Konflikt vermeidend, verhandeln. Deutlicher, aber nicht prinzipiell anders und nicht weniger konservativ ist die Fortsetzung dieser Einstellung durch die Antipädagogen, die die These vertreten, die Erwachsenen sollten überhaupt als Erzieher abdanken und das Kind lernen lassen, was es von sich aus lernt. Der Gewinn liegt dann vor allem in der »Entlastung [des Erziehers] vor der totalen Verantwortung« (von Braunmühl, 1976, S. 43).[10]

In diesen Vorschlägen für den Umgang mit Kindern ist von deren psychischen Bedürfnissen, von den unbewußten Wünschen, von Übertragungsvorgängen usw. keine Rede mehr. Die Kinder werden immer beim Wort genommen. Ambivalente Einstellungen und widersprüchliche Einstellungen aufgrund unbewußter Konflikte gibt es hier nicht. Damit werden wesentliche Einsichten der Psychoanalytischen Pädagogik vernachlässigt. Dies läßt sich an einem Beispiel zeigen, das sich bei Steff Bornstein

---

10 Angesichts der Tendenz, die verschiedensten Ziele durch pädagogische Maßnahmen herbeiführen zu wollen, darf nicht übersehen werden, worin die Antipädagogen rechthaben.

findet (1939, S. 87). Ein viereinhalbjähriger Junge wird auf der Höhe seines Ödipuskomplexes sehr aggressiv gegen den Vater, will ihm bei Tisch alles wegessen und konfrontiert ihn mit Kastrationsdrohungen. Der analytisch gebildete Vater reagiert zunächst verständnisvoll oder deutend. Dies führt bei dem Kind zu einer Übersteigerung der aggressiven Phantasien und Ansprüche und zu Einschlafstörungen und Ängsten. »Offenbar kann das Kind nicht glauben, daß der Vater so ganz anders fühlt als es selbst, auch wenn der Vater sich noch so milde zeigt«. Die andere, bessere Möglichkeit besteht folglich darin, »die Aggressionen ernst zu nehmen, wie das Kind sie meint«. Indem der Vater den Angriff des Kindes abwehrt – aber nicht so bedrohlich, daß das Kind nicht wagen dürfte, seine Ödipusgedanken weiter zu äußern – »begegnet dem Kind eine Wirklichkeit, in der ein Angriff eine Abwehr findet«, das heißt eine Welt, in der es Gesetze gibt, »die Körperbeschädigungen allen, Söhnen und Vätern verbieten«. Das Annehmen und die konsequente Vermeidung aller genannten erzieherischen Einstellungen kommt demgegenüber einer Art psychologischen Realitätsentzugs gleich und liefert das Kind der Erziehung durch die gegebenen Umstände und Verhältnisse aus.

In einem Kapitel über Erziehung ohne Erzieher muß auch der erzieherische Einfluß der Medien erwähnt werden. An ihrem Beispiel ließe sich besonders anschaulich zeigen, wie leicht wohlgemeinte pädagogische Zielsetzungen von Eltern und Berufserziehern mit der Beeinflussung durch die Medien kollidieren. »Nehmen wir die Erziehung unserer Kinder ernst, so müssen wir zugeben, daß die Lage etwas grotesk ist: wir kämpfen für bessere Schulen, bessere Lehrer, Bücherhallen und Museen, überlassen aber den großen Teil der Kindererziehung den Werbeleuten und Schundherstellern« (Fraiberg, 1969, S. 195). Dies gilt in besonderer Weise für das Fernsehen, das in den meisten Familien unserer Gesellschaft längst ein fester Bestandteil des Familienlebens geworden ist.

Über die psychologische Dimension der öffentlichen und kommerziellen Erziehung durch Medien gibt es noch wenig zuverlässige Untersuchungen. Angesichts des ausgedehnten Fernsehkonsums der Kinder ist es erstaunlich, wie wenig über die erzieherischen Auswirkungen des Mediums bekannt ist. Horst Holzers Untersuchung über das Fernsehen als einem »öffentlich rechtlichen Dressurakt« ist eine der wenigen, in denen auch die psychoanalytische Theorie für die Kritik herangezogen wird. Seine zentrale These, die er anhand einer Analyse der Fernsehprogramme für Kinder und von Werbesendungen belegt, ist, daß die kindlichen Kommunikationsansprüche zur Herstellung bestimmter, systemkonformer persönlichkeitsstruktureller Eigenschaften umgelenkt werden. Dazu gehören die »Herstellung von Konsum- und Freizeitorientierung, formale Leistungsbereitschaft und Verhaltensmobilität, privatistisch und personalistisch gefärbte

Denk- und Handlungsmuster« (Holzer, 1974, S. 46). Holzers aufschluß-
reiche Untersuchung ist freilich vorwiegend ideologiekritisch orientiert:
was sich in den Kindern psychisch abspielt, wenn sie stundenlang vor dem
Fernsehapparat sitzen und »vorm Schlafengehen der Kommissar kommt«
(Der Spiegel, 4/72), wäre erst noch zu klären.

Grotjahns Gedanken zum Einfluß des Fernsehens auf das Unbewußte
in uns lassen erkennen, daß psychoanalytische Untersuchungen zu diesem
Thema wichtige Ergebnisse beitragen können. Dies gilt umso mehr, als das
psychoanalytische Symbolverständnis nicht wie bei Grotjahn in den familialistischen Grenzen bleiben müßte. Grotjahns Analyse des latenten In-
halts der »Kollektivträume«, die uns das Fernsehen vermittelt, weist auf
ihre ödipalen und präödipalen Elemente hin und macht klar, wie dieses Me-
dium Gleichgültigkeit generiert, Isolation fördert und die emotionale Ge-
fühlsentfremdung des modernen Menschen vertieft, weil es uns daran hindert, emotional richtig zu reagieren. Das Fernsehen »tändelt mit allen
möglichen Tendenzen aus dem Unbewußten, hilft uns aber nicht, mit ihnen
fertigzuwerden und sie zu integrieren. Die Folge davon ist, daß der Zu-
schauer in einem besonderen Dilemma stehen bleibt: entweder bemüht er
sich um eine neuerliche Verdrängung oder das Tändelspiel macht ihn süch-
tig. Es gibt auch noch eine dritte Möglichkeit, daß nämlich die in der Sendung nur angetippten Konflikte nachgespielt und wiederholt, anstatt verstanden und durchgearbeitet werden.« (Grotjahn, 1977, S. 27) Das
Durcharbeiten fällt jedoch in einer Gesellschaft schwer, in der wir kondi-
tioniert werden, uns alles, was wir brauchen, in Form von Tauschwerten
anzueignen, d. h. zu kaufen und zu konsumieren. Sinnvolle Tätigkeitsformen müssen in pädagogischer Isolierung eingeübt werden, denn unseren
gesellschaftlichen Verhältnissen liegt eine Wirtschaftsform zugrunde, deren
ultima ratio – oder besser: deren Unvernunft – die Profitmaximierung, d. h.
die Durchsetzung partikularer Interessen ist. Auf diese Weise begünstigt
das Fernsehen bei Erwachsenen unkritische Passivität, und das gesell-
schaftsbezogene Moment des Tändeleffekts bewirkt eine Art »sozialer An-
ästhesie«. Die Wirkungen des Fernsehens auf Kinder sind längst noch nicht
genügend erforscht.

Ebenen pädagogischer Beeinflussung

Wenn wir die bisher erwähnten Einflüsse der Psychoanalyse auf die Pädagogik in eine systematische Ordnung bringen wollen, so erweist es sich
als zweckmäßig, sie danach zu unterscheiden, auf welcher Ebene der Einfluß untersucht wird, bzw. wirksam werden soll. So ist die traditionelle
Psychoanalytische Pädagogik auf Personen bezogen. Andere versuchen,

vor allem die Beziehungen der Beteiligten untereinander zu verändern. Richter z. B. bemüht sich darüberhinaus um eine Veränderung der Gruppe als solcher, ihrer Struktur und ihrer inneren Machtverhältnisse. Bernfeld untersuchte sogar die Determinanten der Erziehung und ihr Zusammenwirken auf mehreren Ebenen. Davon ausgehend läßt sich der mögliche Nutzen der Psychoanalyse für pädagogische und sozialpädagogische Arbeit in bezug auf folgende Ebenen untersuchen (Ardoino, 1975, S. XIII):

1) Person
2) Beziehungen und Tätigkeiten
3) Gruppe
4) Organisation
5) Institution
6) Gesellschaft

Therapeutische und pädagogische Veränderungen können nicht nur personenbezogen bewirkt werden, sondern auch durch Eingriffe auf der Ebene der Beziehungen und Tätigkeitsformen, z. B. durch Spielpädagogik, durch Botschaften in der Sprache des Unbewußten (Heilpädagogik, Märchenunterricht [siehe unten]) und durch Veränderungen der organisatorischen und institutionellen Voraussetzungen des pädagogischen Geschehens. Den weitreichendsten erzieherischen Einfluß bewirken langfristig zweifellos gesellschaftliche Veränderungen. Unter den gegebenen Umständen ist es jedoch utopisch zu glauben, psychoanalytische Einsichten allein würden als Begründung dafür genügen, die Veränderung bestimmter institutioneller oder gesellschaftlicher Voraussetzungen durchzusetzen. Die Geschichte der antiautoritären Erziehung und das Schicksal der staatlichen Bildungsreform in der Bundesrepublik in den letzten fünf Jahren illustrieren mehr als deutlich, wie eng die Grenze ist, die Bernfeld die soziale genannt hat.

Im Vergleich zum schulischen und vorschulischen Bereich öffentlicher Erziehung unterliegt das therapeutische Grenzgebiet psychoanalytisch orientierter Erziehung weniger stark direkter Kontrolle und Einflußnahme von außen. Dies mag ein Grund dafür sein, daß auch hier neue Ansätze entstanden sind, die für eine gesellschaftskritische und dem Prophylaxegedanken verpflichtete Psychoanalytische Pädagogik von Interesse sind. Neidhardt z. B. kritisiert an den bisherigen Beiträgen zu einer Psychoanalyse des Unterrichts, daß sie den Lehrer entweder in einen Therapeuten verwandeln oder ihn hilflos zurücklassen, indem sie das Unterrichtsgeschehen nur theoretisch psychoanalysieren. Bei seinem eigenen Versuch, die Psychoanalyse in den Dienst pädagogischer Aufgaben zu stellen, bzw. genauer »den Integrationsprozeß von Psychoanalyse und Pädagogik im Bereich der Didaktik fortzusetzen« (Neidhardt, 1977, S. 20), knüpft er an Zulligers Konzept der deutungsfreien Heilpädagogik an. Auch bei ihm soll der Lehrer die unbewußten Anteile im Verhalten des Kindes nicht deuten, sondern er soll durch sein Handeln ein Objekt werden, »das die Beziehung als bewußte Antwort auf unbewußte Ansprüche des Kindes handhabt« (a.a.O., S. 80). Da bei Neidhardt der Lehrer jedoch nicht zugleich Therapeut ist, kann er nicht unterstellen, daß dieser das Übertragungsgeschehen jeweils in der aktuellen Situation kontrolliert wahrnehmen und handhaben kann. Andererseits weiß er jedoch, daß sich die »Interaktion in der Unterrichtssituation in einem Wechselspiel zwischen der didaktisch-methodischen und psychodynamischen Ebene vollzieht« (a.a.O., S. 62), d. h. der Lehrer muß die affektiven, sprachlosen Anteile der Lehrer-Schüler-Beziehung einbeziehen können. Aus diesem Dilemma behilft sich Neidhardt mit einem didaktischen Trick, der im wesentlichen darin besteht, daß er die Unterrichtssituation so gestaltet, daß vorhersehbar ist, welche Themen der psychodynamischen Ebene des Unterrichtsgeschehens besondere Bedeutung gewinnen.

Neidhardt greift dazu Lorenzers Konzept des »szenischen Verstehens« auf. Er faßt den Unterricht als ein szenisches Geschehen auf, in dem didaktische und psychodynamische Momente ineinander übergehen und die kognitiven und emotionalen Anteile der Interaktion eine Einheit bilden. Da der Lehrer nicht therapeutisch ausgebildet ist und als Teilnehmer in den Szenen nicht zugleich deren Psychodynamik distanziert »beobachten« kann, schlägt Neidhardt ein »nachträgliches Verstehen einzelner Szenen in einer Situationsanalyse« vor. »Im fließenden Geschehen einer Unterrichtsstunde, durch Nacherleben wiederholt, können in einem ersten Überblick Wechsel von Themen, Rollen und Darstellungsweisen in den Handlungen erkannt werden. Diese Wechsel ermöglichen die nachträgliche Gliederung des Geschehens in einzelne Szenen, die hinsichtlich ihrer thematischen Zusammengehörigkeit nochmals verklammert werden können.« (a.a.O., S. 65) Auch dieser Art von nachträglichem Verstehen sind je nach den psychischen Voraussetzungen des Lehrers mehr oder weniger enge Grenzen gesetzt. Der Lehrer muß sich bei der Rekapitulierung des Stundenverlaufs »in der zeitlichen Abfolge und räumlichen Anordnung seiner Handlungen« auch die entstehenden Affekte wieder vergegenwärtigen können. Dies ist jedoch leichter, wenn er im Unterricht, in Verbindung mit den behandelten Sachproblemen, durch »symbolische Handlungen« bestimmte Themen auf der psychodynamischen Ebene besonders anspricht. In Abwandlung des von Winnicott geprägten Begriffs des »Übergangsobjekts« entwickelt Neidhardt in diesem Zusammenhang das Konzept der »Übergangsidee«. Darunter versteht er Ideen, »die weder die außerpsychische Realität adäquat abbilden, noch mit Trauminhalten als Ausdruck innerpsychischer Realität identisch sind«. Der Lehrer bereitet sein psychoanalytisch-szenisches Verstehen dadurch vor, daß er durch die Auswahl der von ihm eingeführten Übergangsideen vorausplant, welche für die psychische Realität der

Kinder relevanten Themen in einer Unterrichtsstunde Bedeutung gewinnen.

Neidhardt beschreibt sein Verfahren vor allem am Beispiel der Einbeziehung von Märchen in den Unterricht. Der »Märchenunterricht« wird dadurch zum »Sprachunterricht«, daß die Kinder ihre sprachlosen Affekte in die Sprache des Märchens übersetzen können. »Der Lehrer aber versucht, die gebildeten Symbole zu verstehen, indem er einfühlend die Symbole gleichsam rückübersetzt. Damit wird der Lehrer auch fähig, dem Kind in der Symbolsprache des Märchens zu antworten. In einem Prozeß des Spracherwerbs werden die Symbole des Märchens zu einer gemeinsamen, kommunikationsfähigen Sprache zwischen Lehrer und Kind. In ihm wird die affektive Bedeutung der Symbole zunächst einseitig und individuell gebildet, von beiden erkannt.« (a.a.O., S. 104) Die Übertragungsangebote der Kinder lassen sich je nach der Wahl des Märchens oder der Übergangsidee antizipieren und nach dem Vorbild von Zulligers deutungsfreiem Handeln beantworten. Allerdings liegt das Hauptaugenmerk bei Neidhardt weniger als bei Zulliger auf dem Verstehen der einzelnen Beteiligten, als vielmehr auf ihrer psychodynamischen Auseinandersetzung mit den eingeführten Themen. Nicht so sehr die einzelnen Akteure, sondern ihr – thematisch vorgegebenes – »Spiel« steht im Mittelpunkt. Neidhardt bezieht sich somit nicht ganz zufällig auf Lorenzer, der als das Ziel der Psychoanalyse interaktionstheoretisch »das Verstehen der subjektiven Brechung der objektiven Strukturen des Spiels« herausgearbeitet hat (Lorenzer, 1971, S. 43).[11]

Ein Nebeneffekt, der sich in Neidhardts didaktischem Modell ergibt, soll hier besonders hervorgehoben werden. Die Beachtung des Wechselspiels zwischen der didaktisch-methodischen und der psychodynamischen Ebene, das die Interaktion in der Unterrichtssituation charakterisiert, führt dazu, daß alle Prozesse der doppelten Beziehungsebene im Unterricht als relevant gelten und untersucht werden. Dementsprechend ist es nicht nötig, die Beteiligung oder Nicht-Beteiligung in unterrichtsfördernde und unterrichtsstörende Prozesse einzuteilen. »Die ›störenden‹ Kinder im Unterricht müssen nicht mehr zum eigentlichen, spezifischen Unterricht zurückgeholt oder von ihm ausgeschlossen werden, sondern ihr Beitrag ist dann für den Unterricht genau so konstituierend und förderlich wie ein didaktisch angepaßter« (Neidhardt, 1977, S. 63).

Neidhardt hat sein Konzept auf Grund von Erfahrungen im Unterricht mit verhaltensgestörten Kindern entwickelt. Um auch situationssprengende Interaktionen in den Unterricht einbeziehen zu können, ist ein didaktischer Spielraum nötig, der in Schulen sonst nicht als selbstverständlich

---

11 Hier muß allerdings beachtet werden, daß bei Lorenzer das gemeinsame Spiel, bzw. dessen Strukturen, und nicht das Spiel einzelner gemeint ist.

vorausgesetzt werden kann. Aus dieser Sicht kritisiert er eine Reihe unterschiedlicher didaktischer Konzepte, die er zwischen zwei Polen lokalisiert. »An dem einen Pol ist der Unterricht durch eine übersituative, institutionalisierte Struktur einseitig bestimmt und am anderen Pol ist er der spontanen Situationsdefinition der Interaktionspartner geöffnet« (a.a.O., S. 53). Soweit im Unterricht für Konflikte kein Spielraum ist, brechen die Komplikationen an anderer Stelle symptomatisch durch. Sei es in Form von quälerisch sadistischen Tendenzen gegenüber Schwächeren, sei es durch abwehrende Rituale o. ä. Neidhardt spricht sich in diesem Zusammenhang gegen zwingend vorgeschriebene Curricula aus, deren selektierende Wirkung einer Bestrafung gleichkommt und von ihm als Ersatz für die Stockschläge im Unterricht vergangener Zeiten bezeichnet werden (a.a.O., S. 30). Die Grenzen schulischen Lernens diskutiert er allerdings nicht.

In Neidhardts Modell wendet sich der Erzieher durch sein symbolisches Handeln und mit Hilfe der Übergangsideen in der Sprache des Unbewußten direkt an die Kinder. Dies ist im Umgang mit Kindern, deren Ich-Funktionen schwer gestört sind, oft nicht möglich. Deren Widerstand gegen jegliches Eingreifen seitens Erwachsener macht es notwendig, zumindest anfänglich sehr stark »entpersonalisierte« Kontrollen einzusetzen. Die Einsicht, daß alle Umwelteinflüsse für die psychische Entwicklung eines Kindes Bedeutung gewinnen können – je nach Zeitpunkt, Ort und bestimmter Form, in der das Kind sie erfährt –, hat in diesem Zusammenhang zur Entwicklung des Konzepts des »Therapeutischen Milieus« geführt. Im Gegensatz zu den therapeutischen Verfahren, die in einem »abgedichteten Raum« stattfinden, aus dem der Patient jeweils wieder nach 50 Minuten in die Realität entlassen wird, versuchen z. B. Bettelheim und Redl die Kinder mit therapeutischer Realität zu umgeben (Bettelheim, 1970; Redl, 1974). Ihre Konzepte sind insofern ganz therapeutisch, als das therapeutische Milieu eine künstlich geschaffene Realität ist, in die normale Umwelteinflüsse nur beschränkt eindringen dürfen. Außerdem verhalten sich die Erzieher in diesem Milieu therapeutisch. Trotzdem müssen Bettelheim und Redl als die wichtigsten Vertreter einer solchen Therapie hier im Hinblick auf eine künftige Psychoanalytische Pädagogik erwähnt werden. Bei beiden ist die therapeutische Arbeit mit der Absicht verbunden, Erkenntnisse über den Umgang mit dem normalen Kind zu gewinnen und »psychohygienische Prophylaxe« (Bettelheim, 1970, S. 16) zu betreiben.

Wenn man das Konzept des therapeutischen Milieus auf das Milieu im gesellschaftlichen Sinne, d. h. auf die erziehende Realität, ausgedehnt denkt und den Terminus Erziehung so weit faßt wie Bernfeld – die Summe der Reaktionen einer Gesellschaft auf die Entwicklungstatsache Kindheit –, so gelangt man zur Perspektive gesellschaftlicher Veränderungen in pädagogischer Absicht. In dieser Hinsicht ist die Kibbutzerziehung in Israel ein einzigartiges Beispiel. Im Unterschied zu den meisten anderen Beispielen der Kollektiverziehung »handelt es sich beim Kibbutz nicht um ein spezifisch pädagogisches, sondern um ein sozial-ökonomisches Unternehmen, um eine Gesellschaft im kleinen, deren kollektivistische Wirtschafts- und Sozialstruktur die Grundlage für ein entsprechendes Erziehungssystem bildet« (Liegle, 1971, S. 11). Ursprünglich waren die Kibbutzim der Versuch osteuropäischer Einwanderer, neue sozialistische Gemeinschaftsformen für eine jüdische Arbeiterklasse zu schaffen. Die emanzipatorischen Elemente in dieser »praktischen Synthese von Marxismus und Psychoanalyse« haben später an Bedeutung verloren. Trotzdem stellt die Kibbutzerziehung »das bisher extremste Beispiel einer kollektivistischen Wirtschafts- und Erziehungsform dar, in welcher die ökonomische Einheit der Familie vollständig aufgelöst und die Erziehung der Kinder von der Geburt bis zur Reife grundsätzlich von der Familie auf ›öffentliche‹ Institutionen übertragen wurde« (a.a.O., S. 10).

Die Besonderheiten der Entwicklung der Kinder im Kibbutz sind ein sehr interessanter Gegenstand der vergleichenden Sozialisationsforschung. Für die Zukunft der psychoanalytischen Pädagogik in unserer Gesellschaft ist dieses seltene Beispiel einer psychoanalytisch angeleiteten Veränderung der Realität in pädagogischer Absicht allerdings von geringer praktischer Bedeutung. Es ist nicht erkennbar, wie dieses Modell, unter den ganz anderen historischen und ökonomischen Voraussetzungen unserer Gesellschaft, realisiert werden könnte.

Zum Schluß soll hier noch ein pädagogischer Ansatz genannt werden, der zum Teil ebenfalls psychoanalytisch orientiert ist und eine Veränderung der institutionellen und gesellschaftlichen Voraussetzungen der Erziehung anstrebt, insofern aber auch unter politischen Gesichtspunkten interessant ist, als seine Verbreitung schrittweise, als Teil einer pädagogischen Reformbewegung, denkbar ist. Es handelt sich um die »Institutionelle Pädagogik«, die in der Mitte der sechziger Jahre in Frankreich bekannt geworden ist (dazu Vasquez/Oury, 1967). Ihre Vertreter haben eine ganze Reihe reformpädagogischer Elemente von Freinet, Dewey u. a. zu einem Modell zusammengebaut, das seinen Namen nach dem Vorbild der »Institutionellen Therapie« bekommen hat. Diese ist in Frankreich unter dem Einfluß der nordamerikanischen Kritik an totalen Institutionen entstanden.[12] Der Grundgedanke ihres psychoanalytisch orientierten Zweiges ist, daß anstelle einer therapeutischen Zweierbeziehung, die Arzt und Patient vertraglich bindet, und anstelle von Anstalten, in denen eine Hierarchie gesunder Ärzte

---

12 Zum gesellschaftlichen und theoretischen Hintergrund der »Institutionellen Therapie« siehe Castel 1973.

und Betreuer den Kranken gegenübersteht, die Strukturen der Institutionen selbst therapeutisch wirken sollten. In diesem Konzept gewinnt die Gruppe eine besondere therapeutische Bedeutung. Durch die »Institutionalisierung« von Gruppenaktivitäten wie regelmäßige Versammlungen, Clubs, bestimmter gemeinsam verrichteter Arbeiten u. a. sollen die Beziehungen in der Institution so organisiert werden, daß sie durch das Zusammenwirken von Therapeuten und Patienten therapeutisch wirken. Der Terminus Institution bezeichnet hier also nicht nur soziale Gebilde wie die Schule oder die Gewerkschaften oder verbindliche soziale Regelungen wie die Ehe, sondern auch mehr oder weniger latente, nicht formelle allgemeine gesellschaftliche Festlegungen, wie z. B. das Inzestverbot (Ardoino, 1975, S. XXIII).

In der Institutionellen Pädagogik finden sich Elemente, die uns schon in anderen, bereits erwähnten psychoanalytisch orientierten Erziehungsmodellen begegnet sind. So z. B. der erzieherische Einfluß der Umwelt, des Milieus, bestimmter Interaktions- und Tätigkeitsformen, die Einübung in die gesellschaftliche Realität u. a. Besonders charakteristisch für die Institutionelle Pädagogik ist aber die hervorragende Bedeutung, die die Gruppe bekommt. An die Stelle des Erziehers tritt im institutionalisierten Milieu zunehmend die Gruppe als ein Subjekt, das zu den therapeutisch relevanten Sachverhalten des Gruppengeschehens Stellung nimmt. Die Aufgabe des Erziehers besteht dann darin, sich so zu verhalten, daß die Psychotherapie von der Gruppe gemacht wird und daß alles, was in der Klasse geschieht, zur Sprache kommen und sprachlich nachvollzogen werden kann. Auf Grund wechselseitiger Identifikationen kann, im idealen Fall, jeder für jeden zum Gruppenanalytiker werden und das Problem des anderen oder der Gruppe in angemessener Form verstehen und formulieren. (Vasquez/Oury, 1967, S. 174)

Die wichtigsten Techniken, durch die diese Art institutionalisierten Milieus geschaffen werden können soll, stammen aus der Freinet-Pädagogik (dazu Zehrfeld, 1977). So vor allem die Technik der Abfassung und des Drucks »freier Texte« und andere »vermittelnde« Tätigkeiten, durch die die Gruppenmitglieder in verbindliche, wechselseitige Beziehungen zueinander kommen. In diesen sollen sie sich selbst erfahren können und in probeweiser Identifikation mit, bzw. in Abgrenzung von den anderen, die anderen Aufgaben bzw. Rollen in der gemeinsamen Arbeit übernehmen und dabei ihr Selbstverständnis entwickeln.

Die überragende Bedeutung der Gruppe in der Institutionellen Pädagogik versucht Lobrot direkt psychoanalytisch zu begründen. In seiner Sicht besteht die psychoanalytische Revolution darin, daß sie eine völlig neue Art von sozialer Gruppe hervorgebracht hat, nämlich eine therapeutische Gruppe, in der der Therapeut und der Patient eine Beziehung eingehen, die von beiden gemeinsam gesteuert wird und der Freundschaft, Vertrauen und Erotik zugrundeliegen. »Die Psychoanalyse hat mehr geschaffen durch Übertragung und Gegenübertragung, die Grundregel der Aufrichtigkeit und den nicht-direktiven Charakter der Analyse, als durch alle theoretischen Ausarbeitungen, die man ihr zuschreibt.« (Lobrot, 1975, S. 152) Lobrot versteht die psychoanalytische Mikro-Gruppe als ein psycho-soziologisches Modell, dessen Besonderheit darin besteht, daß die Beteiligten auf Grund des Vertrauens zueinander und in die Beziehung die sie verbindet, den Verlauf ihres Dialogs gemeinsam selbst bestimmen. Auf der Ebene von Makro-Gruppen, d. h. von Völkern bzw. Gesellschaften, sieht Lobrot das Prinzip der Selbstbestimmung (autogestion) in den Organisationsformen parlamentarischer Demokratien verwirklicht. Zwischen den Makro-Gruppen und den Mikro-Gruppen der Psychoanalyse gibt es für Lobrot die Meso-Gruppen. Deren Struktur ergibt sich nicht aus Organisationsformen nach Art einer repräsentativen Regierung oder aus dem Zusammenwirken der Bedürfnisse der Beteiligten, sondern aus einer gemeinsamen Aufgabe, Arbeit oder Produktion, d. h. aus der Gruppe als einem System von Beziehungen, einer Organisation (a.a.O., S. 211). Diese Art selbstverwalteter Gruppen stellt die übliche Art bürokratischer Organisierung der menschlichen Beziehungen und der Institutionen radikal in Frage. Die Institutionelle Pädagogik mit ihren selbstverwalteten Klassen wirft damit im Erziehungssystem die Frage der Legitimität der etablierten Herrschaft auf.

Trotz ihres zum Teil sehr problematischen Psychoanalyseverständnisses[13] ist die Institutionelle Pädagogik hier erwähnt worden, da an ihrem Beispiel deutlich wird, daß eine psychoanalytisch orientierte Pädagogik gerade auch dann unvermeidlich politische Fragen thematisiert, wenn sie ihre Inspiration aus der Praxis der psychoanalytischen Therapie bezieht.

Die Hartnäckigkeit, mit der einige institutionelle Erzieher in Frankreich der Kultusbürokratie ihre Ansprüche auf Selbstverwaltung, freie Wahl der pädagogischen Vorgehensweise und das Recht auf Experimente und Irrtümer entgegenhalten, ist beeindruckend. Obwohl die Institutionelle Pädagogik derzeitig nicht beanspruchen kann, mehr zu sein als ein paar Bewässerungsprojekte in einer bildungspolitischen Wüste, so stellt sie doch eine Provokation dar. Das psychoanalytisch inspirierte Miteinander in der Schulklasse, in der es kein oben und unten und keine angemaßte Autorität des Lehrers gibt, die mit Zwangsmitteln durchgesetzt werden müßte, ist unvereinbar mit dem gesellschaftlichen Auftrag, den Erziehung in der Klassengesellschaft immer bekommt. Die institutionellen Erzieher, die sich

---

13 Dies gilt insbesondere für Lobrot, der sich Sartres Leugnung des Unbewußten anschließt und eine sehr ambivalente Einstellung zur Psychoanalyse erkennen läßt.

ihm zu entziehen versuchen, verursachen einen echten Skandal: »sie sind ebenso gefährlich für die Gesellschaftsordnung wie für das Gefühlsgleichgewicht der Individuen« (Vasquez/Oury, 1967, S. 269).

Die Zukunft der Psychoanalytischen Pädagogik

Unsere Darstellung der Einflüsse der Psychoanalyse auf die Pädagogik der Gegenwart ist nicht vollständig und braucht es nicht zu sein, um ihre Vielfalt zeigen zu können. Offensichtlich braucht eine psychoanalytisch orientierte Pädagogik heute nicht mehr nur auf die therapeutische Beeinflussung der beteiligten Personen beschränkt zu bleiben. Die utopische Forderung der alten Psychoanalytischen Pädagogik nach einer Analyse aller Erzieher erweist sich als unnötig. Sie gehört zu einer familialistischen Sichtweise, in der nur der erzieherische Einfluß einzelner Personen wichtig erscheint. Damit verbunden ist ein sehr eng gefaßter Begriff von Erziehung. Andererseits sollte jedoch trotz der neu entwickelten Möglichkeiten der nicht direkt personenbezogenen, pädagogisch-therapeutischen Beeinflussung die Bedeutung des Erziehers nicht unterschätzt werden. Dies gilt nicht nur für die elterliche Erziehung in der Familie. Alle Kenntnisse der Entwicklungsstadien des Kindes und der grundlegenden Gesetze der Verhaltensdynamik von Individuen und Gruppen, sowie didaktische Tricks helfen nicht, wenn beim Erzieher die Wahrnehmung der Übertragungs- und Gegenübertragungsprozesse auf Grund psychischer Blockaden beeinträchtigt ist. Es genügt auch nicht, die psychologischen Erkenntnisse der Psychoanalyse zu einer allgemeinen psychoanalytischen Anthropologie zusammenzustellen, (die zeit-, gesellschafts- und klassenspezifische Unterschiede nicht berücksichtigt), um davon ausgehend gestörte pädagogische Beziehungen zu kritisieren.[14] Eine Weiterentwicklung der Psychoanalytischen Pädagogik, ohne die Beteiligung psychoanalytisch ausgebildeter Pädagogen oder pädagogisch erfahrener Psychoanalytiker, ist kaum sinnvoll möglich. Die Klärung dessen, was an den pädagogischen Bemühungen für das Unbewußte der Beteiligten folgenreich wird, und wie, setzt die Teilnahme von psychoanalytisch ausgebildeten Pädagogen voraus. Allerdings sollte deren Interesse nicht mehr so sehr der Psychologie der am Erziehungsprozeß Beteiligten gelten, als vielmehr dem »Spiel«, wie es in den verschiedenen

---

14 Das ist der entscheidende Mangel auch des Buches von Terrier/Bigeault (1975). Andererseits können die Autoren ausgehend von psychoanalytischen Grunderkenntnissen über die Verlaufsformen ödipaler Konflikte in unserer Gesellschaft verdeutlichen, wie hilfreich eine entsprechend organisierte Schule für die psychische Entwicklung der Kinder sein könnte.

pädagogischen Institutionen inszeniert wird. Die kritische Überprüfung, welche psychischen Folgen das »Spiel« bewirkt, führt dann dazu, daß auftretende Probleme sinnvollerweise zunächst durch Veränderung der Inszenierung beantwortet werden und nicht durch therapeutische Behandlungen der Akteure. Eine Erweiterung dieser Perspektive führt von der Kritik von Beziehungsstrukturen zur Gesellschaftskritik.

Eine psychoanalytische Pädagogik, die die prophylaktische Orientierung und die gesellschaftspolitische Tradition der Psychoanalytischen Pädagogik fortsetzt, wird derzeit nicht mit einer besonders guten Aufnahme ihrer Ergebnisse rechnen können. Gegenwärtig werden nicht einmal die wichtigsten psychoanalytischen Erkenntnisse pädagogisch berücksichtigt. Vor allem die entschiedene Parteinahme der Psychoanalytischen Pädagogen für das Kind und seine Bedürfnisse ist heute zur Spezialität weniger antiautoritärer Erzieher und Therapeuten geworden. Gesellschaftliche Anforderungen wie z. B. die Gewöhnung an ein abstraktes Leistungsprinzip, die treibhausmäßige »Kultivierung« bestimmter erwünschter kognitiver oder affektiver Leistungen (»Lernziel Zärtlichkeit«) sind der Ausdruck des pädagogischen Elends einer Gesellschaft, in der die Ursachen der unzulänglichen basalen Erziehung (in der Familie, aber auch außerhalb), nicht als gesellschaftlich begründete diskutiert werden sollen[15]. Jeder noch so erbärmliche pädagogische oder therapeutische Ersatz stößt auf Interesse. Damit bleibt sichergestellt, daß die Veränderung der gesellschaftlichen Verhältnisse selbst nicht zur Debatte steht. Die Kluft zwischen der pädagogischen Bedeutung der Erkenntnisse der Psychoanalyse und der Chance ihrer Berücksichtigung wird traditionell fast ausschließlich therapeutisch überbrückt. Ihre Existenz ist ein politisches Problem, zu dem sich psychoanalytisch orientierte Pädagogen zwar unkritisch verhalten können, aber in keinem Fall unpolitisch.

---

15 Das psychische Elend läßt sich nicht in Zahlen ausdrücken. Die Spitze des Eisbergs wird aber z. B. in folgenden Schätzungen erkennbar: Im Jahre 1977 unternahmen im Bundesgebiet 14000 Schüler und Studenten Selbstmordversuche Die Zahl der vollendeten Selbstmorde in der Altersgruppe zwischen 10 und 20 Jahren wird vermutlich 800 überschreiten. Zehn Jahre zuvor waren es 373, 1977 ca. 500. Siehe Frankfurter Rundschau vom 29. 9. 1978, S. 28.

Begriffserklärungen

Abwehr	Unbewußte Verhaltensweisen, durch die das Individuum ein Bewußtwerden bzw. ein Bewußtbleiben nicht gebilligter und peinlicher psychischer Regungen verhindert.
Ambivalenz	Gleichzeitige Anwesenheit einander entgegengesetzter Strebungen, Haltungen und Gefühle, z. B. Liebe und Haß, in der Beziehung zu ein- und demselben Objekt. (Laplanche/Pontalis)
Dyade	»Zweiheit«. Bezeichnet hier die frühe Mutter-Kind-Beziehung, aus der im Verlauf der Entwicklung des Kindes eine Zweierbeziehung im engeren Sinn wird.
Fixierung	Der bei Freud häufig verwendete Terminus bezieht sich auf die Tatsache, daß alle Menschen durch infantile Erlebnisse geprägt sind und mehr oder weniger kindlichen Beziehungsformen verhaftet bleiben. Im Zusammenhang mit den Objektbeziehungen bezeichnet der Terminus das Mißlingen der Ablösung von den Eltern als den ersten Liebesobjekten in der Pubertät.
Gegenübertragung	Unbewußte und bewußte Reaktionen, die sich als Antwort auf Übertragungsangebote ergeben.
Identifizierung	Bezeichnet den psychologischen Vorgang, durch den ein Subjekt sich einem anderen als seinem Vorbild angleicht, indem es von ihm Eigenschaften, Verhaltensweisen oder Attribute wie Überzeugungen oder Wertungen übernimmt. Es ist die ursprüngliche Form der affektiven Bindung an ein Objekt.
Imago	Das unbewußte Bild, das wir von anderen Personen in uns haben.
Libido	Das energetische Substrat, das allen sexuellen Äußerungen zugrunde liegt.
Narzißmus	Libidinöse Hinwendung zu sich selbst und Abwendung vom Objekt. Im weiteren Sinne Selbstliebe.
Projektion	Eine Form der Abwehr, bei der das Subjekt eigene Eigenschaften, Gefühle, Wünsche u. a., die es an sich selbst nicht wahrhaben will oder verkennt, anderen Personen zuschreibt oder sonst in der Umwelt lokalisiert (z. B. Aberglaube).
Repräsentanz	Innerpsychischer Ausdruck von Erregungen aus dem Somatischen.
infantile Sexualität	Die kindliche Sexualität wird durch die Befriedigung von Nahrungszufuhr und Körperpflege geweckt. Sie betrifft die Erregungen und Aktivitäten, die Lust verschaffen aber noch nicht vom Funktionieren des Genitalapparates abhängen. Die verschiedenen Elemente, die die kindliche

Sexualität ausmachen (Partialtriebe) werden erst im Laufe der Entwicklung der verschiedenen psychosexuellen Phasen miteinander vereinigt und der Befriedigung erwachsener genitaler Sexualität untergeordnet.

Sozialisation Gesamtheit der Prozesse, durch die ein Mensch zu einem Individuum in seiner Besonderheit und zugleich zu einem Glied seiner Gesellschaft wird.

Über-Ich Bezeichnet in Freuds zweiter Theorie des psychischen Apparates (Strukturhypothese) die Instanz, deren Rolle Freud mit der eines Richters, Zensors oder Beobachters vergleicht. Das Über-Ich ist im wesentlichen ein Erbe der ödipalen Konflikte und bildet sich durch die Verinnerlichung der elterlichen Forderungen und Verbote (Identifizierung mit ihren Normen). Die umgangsprachliche Gleichsetzung des Über-Ichs mit dem Gewissen ist ungenau. Das Über-Ich ist zum großen Teil unbewußt.

Übertragung Wiederbelebung von bestimmten Gefühlsbindungen und unbewußten Wünschen aus der Kindheit in aktuellen Situationen, wobei in der Auseinandersetzung mit neuen Bezugspersonen unbewußt ein bestimmter kindlicher Beziehungstypus wiederholt wird.

Unbewußtes Psychische Inhalte, die nicht unmittelbar wahrgenommen oder erfahren werden können, sondern nur aus ihren Wirkungen (Träume, Fehlleistungen, neurotisch determiniertes Verhalten u. a.) erkennbar sind. Das Unbewußte (Ubw) als System verstanden, enthält Triebrepräsentanzen. Vor allem verdrängte Kindheitswünsche charakterisieren das Unbewußte.

Verdrängung Eine der wichtigsten Formen der Abwehr. Dabei versucht das Subjekt, die mit einem Trieb zusammenhängenden Vorstellungen (Gedanken, Bilder, Erinnerungen) in das Unbewußte zurückzustoßen oder dort festzuhalten. Die Verdrängung setzt vor allem dann ein, wenn die Befriedigung bestimmter Triebregungen dem Subjekt peinlich wäre.

Literatur

Abelin, E. L.: *The role of the father in the separation-individuation process*, in: Mc Devitt, J. B./Settlage, C. F. (Hg.): Separation-Individuation. New York 1971

Adler, A. (1930): *Kindererziehung*. Frankfurt/Main 1976

Aichhorn, A. (1925): *Verwahrloste Jugend*. Bern 1951

Ardoino, J. (1975): *Préface*, in: Lobrot, M. 1975

Autorenkollektiv (1971): *Schülerladen Rote Freiheit*. Frankfurt/Main 1971

Autorenkollektiv im sozialistischen Kinderladen Charlottenburg 1 (1973): *Bericht*, in: Kron 1973

Bader, K. (1978): *Öffentliche Erziehung. Kinder und ihre Erzieher in Kindergärten*. Frankfurt/M.

Balint, A. (1932): *Versagen und Gewähren in der Erziehung*, in: Cremerius 1971
– (1937): *Die Grundlagen unseres Erziehungssystems*, in: Zs. für Psy. Päd., 11

Balint, M. (1939): *Ichstärke, Ichpädagogik und »Lernen«*, in: Cremerius 1971

Beck, J. (1974): *Lernen in der Klassenschule*. Reinbek

Beier, R./Büttner, C./Nicklas, H./Orban-Plasa, M. (1977): *Aggression und Schule*. 2 Bde. Frankfurt/Main HSFK

Benedek, T. (1959): *The emotional Structure of the Family*, in: Anshen, R. N. (Hg.): The Family: its function and destiny. New York
– (1960): *Elternschaft als Entwicklungsphase*, in: Jahrbuch der Psychoanalyse. Bd. 1 1960

Berne, E. (1970): *Spiele der Erwachsenen*. Reinbek

Bernfeld, S. (1925): *Sisyphos oder die Grenzen der Erziehung*. Frankfurt/Main 1970 (Das Vorwort zur 2. Auflage ist abgedruckt in: Bernfeld, 1970, Bd. 2)
– (1926): *Über sexuelle Aufklärung*, in: ders. 1969
– (1927): *Das Massenproblem in der sozialistischen Pädagogik*, in: ders., 1971, Bd. 3
– (1927/28): *Ist die Psychoanalyse eine Weltanschauung?* in: Zs. für Psa. Päd. Jg. 2
– (1928): *Die Schulgemeinde und ihre Funktion im Klassenkampf*, in: ders., 1970 Bd. 2
– (1929): *Der soziale Ort und seine Bedeutung für Neurose, Verwahrlosung und Pädagogik*, in: ders.: 1969 Bd. 1
– (1932): *Die kommunistische Diskussion um die Psychoanalyse und Reichs Widerlegung der Todestriebhypothese*, in: ders. 1970, Bd. 2
– (1969, 1970, 1971): *Antiautoritäre Erziehung und Psychoanalyse. Ausgewählte Schriften*. 3 Bde.

Bettelheim, B. (1948): *Der Sozialkundelehrer und die emotionalen Bedürfnisse Jugendlicher*, in: Fürstenau (Hg.), 1974
– (1970): *Liebe allein genügt nicht. Die Erziehung emotional gestörter Kinder*. Stuttgart.
– (1971): Beitrag in Neill u. a., 1971b

Bittner, G. (1967): *Psychoanalyse und soziale Erziehung*. München 1972[3]
– (1972): *Was bleibt von der antiautoritären Erziehung?* in: Bitter, W. (Hg.): *Freiheit ohne Autorität?* Stuttgart 1972

Bittner, G./Rehm, W. (Hg.) (1966): *Psychoanalyse und Erziehung*. München

Bittner, G./Schmidt-Cordes, E.(Hg.) (1970): *Erziehung in früher Kindheit*. München

Bornstein-Windholz, S. (1937): *Mißverständnisse in der psychoanalytischen Pädagogik*, in: Zs. für Psa. Päd. Jg. 11 Heft 2

von Braunmühl, E. u. a. (1976): *Die Gleichberechtigung des Kindes*, Frankfurt/Main

Brezinka, W. (1955): *Psychagogik oder Erziehung*, in: Jahrbuch für Psychologie und Psychotherapie.

Bronfenbrenner, U. (1973): *Erziehungssysteme. Kinder in den USA und in der Sowjetunion*. München

Bruder, K.-J. u. a. (1976): *Kritik der Pädagogischen Psychologie*. Reinbek

Brückner, P. (1972): *Zur Sozialpsychologie des Kapitalismus*. Frankfurt/Main

Büttner, C. (1977): *Spiele gegen Streit, Angst und Not. Spielpädagogik und soziales Lernen*. Hess. Landeszentrale für Pol. Bildung, Wiesbaden

Büttner, C./Nicklas, H./Orban-Plasa, M. (1977): *Konfliktbearbeitung in Gruppen. Praxisorientierte Modelle für den Primarbereich*. Frankfurt/Main HSFK

Burian, W. (1972): *Psychoanalyse und Marxismus. Eine intellektuelle Biographie Wilhelm Reichs*. Frankfurt/Main

Burlingham, D. (1932): *Die Einfühlung des Kleinkindes in die Mutter*, in: Fürstenau (Hg.) 1974

– (1937): *Probleme des psychoanalytischen Erziehers*, in: Zs. für Psa. Päd. Jg. 11

Busche, E./Busche, E. (1970): *Gedanken zur antiautoritären Erziehung*. in: Vorgänge 5

Buxbaum, E. (1936): *Massenpsychologische Probleme in der Schulklasse*, in: Meng (Hg.) (1973b)

– (1964): *Die Rolle der Eltern in der Ätiologie der Lernstörungen*, in: Fürstenau (Hg.), 1974

Castel, R. (1973): *Le Psychanalysme*. Paris (dt.: Psychoanalyse und gesellschaftliche Macht. Frankfurt/Main 1976)

Chadwick, M. (1930): *Die Erziehung des Erziehers*, in: Bittner/Rehm, 1966

Combe, A. (1972): *Kritik der Lehrerrolle*. München

Combe, A./Petzold, H.-J. (1977): *Bildungsökonomie. Eine Einführung*. Köln

Correll, W. (1966): *Einführung in die Pädagogische Psychologie*. Donauwörth 1970[4]

Cremerius, J. (Hg.) (1971): *Psychoanalyse und Erziehungspraxis*. Frankfurt/Main

Dahmer, H. (1973): *Libido und Gesellschaft*. Frankfurt/Main

Dermitzel, R. (1969): *Thesen zur antiautoritären Erziehung*, in: Kursbuch 17, Jg. 1969

Devereux, E. C./Bronfenbrenner, U./Suci, G. J. (1962): *The United States of America and the Federal Republic of Germany: A crossnational comparison*, in: Int. Social science journal, Vol. XIV, Nr. 3

Dienelt, K. (1973): *Von der Psychoanalyse zur Logotherapie*. München

Ekstein, R. (1973): *Über den Einfluß der Psychoanalyse auf Erziehung und Unterricht*, in: Ammon, G. (Hg.) (1973): Psychoanalytische Pädagogik.

– (1976): *Psychoanalysis and Education as Allies in the Acquisition of Moral Values and Virtues in the service of Freedom and Peace*, in: Int. Rev. Psycho-Anal./3

Ekstein, R./Motto, R. C. (1963): *Psychoanalyse und Erziehung – Vergangenheit und Zukunft*, in: Praxis Kinderpsychol. Kinderpsychiat. Jg. 12 Heft 6

– – (Hg.) (1969): *From Learning for Love to Love of Learning.* New York

Erikson, E. (1965): *Kindheit und Gesellschaft.* Stuttgart

– (1976): *Psychoanalysis and Ethics – avowed and unavowed,* in: Int. Rev. Psycho-Anal./3

Fenichel, O. (1931): *Die offene Arbeitskolonie Bolschewo,* in: ders. 1972

– (1935): *Über Erziehungsmittel,* in: ders. 1972

– (1937): *Frühe Entwicklungsstadien des Ichs,* in: ders. 1972

– (1972): *Psychoanalyse und Gesellschaft. Aufsätze,* Frankfurt/Main 1972

– (1954): *Über Erziehungsmethoden,* in: Fürstenau (Hg.) (1974)

Ferenczi, S. (1908): *Psychoanalyse und Pädagogik,* in: Bausteine zur Psychoanalyse. Bern–Stuttgart 1964

– (1913): *Entwicklungsstufen des Wirklichkeitssinnes,* in: Int. Zs. für ärztl. Psychoanalyse. 1/1913

Fraiberg, S. (1969): *Die magischen Jahre in der Persönlichkeitsentwicklung des Vorschul-Kindes.* Reinbek 1972

Freud, A. (1926): *Einführung in die Technik der Kinderanalyse.* München 1973

– (1930/1947–53): *Einführung in die Psychoanalyse für Pädagogen.* Raubdruck. Hamburg 1970

– (1932): *Erzieher und Neurose,* in: Bittner/Rehm 1966

– (1936): *Das Ich und die Abwehrmechanismen.* München 1964

– (1952): *Answering Teacher's Questions,* in: Dies., Writings Bd. 4

– (1954): *Psychoanalysis and Education,* in: The Psychoanalytic Study Child. Bd. IX 1954

– (1962): *The emotional and Social Development of Young Children,* in: dies.: Writings Bd. 5 1969

– (1965): *Wege und Irrwege in der Kinderentwicklung.* Stuttgart 1971[2]

Freud, S. (1900): *Die Traumdeutung,* GW.II/III

– (1905): *Drei Abhandlungen zur Sexualtheorie.* GW V

– (1907): *Der Wahn und die Träume in W. Jensens Gradiva.* GW VII

– (1908a): *Die kulturelle Sexualmoral und die moderne Nervosität.* GW VII

– (1908b): *Der Dichter und das Phantasieren.* GW VII

– (1909): *Analyse der Phobie eines fünfjährigen Knaben.* GW VII

– (1910): *Über Psychoanalyse.* GW VIII

– (1911): *Über die zwei Prinzipien des psychischen Geschehens.* GW VIII

– (1913a): *Das Interesse an der Psychoanalyse.* GW VIII

– (1913b): *Das Unbewußte.* GW X

– (1913c): *Geleitwort zu Die Psychoanalytische Methode von Dr. Oskar Pfister.* Leipzig 1913 in: GW X

– (1917): *Vorlesungen zur Einführung in die Psychoanalyse.* GW XII

– (1919): *Wege der Psychoanalytischen Therapie.* GW XII

– (1921): *Massenpsychologie und Ich-Analyse.* GW XIII

– (1923): *Das Ich und das Es.* GW XIII

– (1925): *Vorwort zu Aichhorn* 1925

– (1927): *Die Zukunft einer Illusion.* GW XIV

– (1930): *Das Unbehagen in der Kultur.* GW XIV

– (1931): *Über weibliche Sexualität.* GW XIV

- (1933): *Neue Folge der Vorlesungen.* GW XV
- (1937): *Der Mann Moses und die monotheistische Religion.* GW XVI
- (1953): *Abriß der Psychoanalyse.* GW XVII

Fromm, E. (1961): *Sigmund Freuds Sendung.* Frankfurt/Main/Berlin

Füchtner, H. (1978a): *Psychoanalytische Pädagogik. Über das Verschwinden einer Wissenschaft und die Folgen,* in: Psyche 3/1978

- (1978b): *Der Psychoanalytiker und der Guerillero,* in: Psychologie und Gesellschaft. 5/1978

Fürstenau, P. (1964): *Psychoanalyse der Schule als Institution,* in: Das Argument. Jg. 6 Heft 2

- (Hg.) (1974): *Der psychoanalytische Beitrag zur Erziehungswissenschaft.* Darmstadt 1974

Gente, H.-P. (1971/1972): *Marxismus, Psychoanalyse, Sexpol.* 2 Bde. Frankfurt/M.

Glover, E. (1935): *Die unbewußte Funktion der Erziehung,* in: Almanach der Psychoanalyse. Wien 1938

Goldstein, J./Freud, A./Solnit, A. J. (1974): *Jenseits des Kindeswohls.* Frankfurt/Main

Gordon, T. (1972): *Familienkonferenz.* Hamburg 1976[8]

- (1977): *Lehrer-Schüler-Konferenz.* Hamburg

Gröll, J. (1975): *Erziehung im gesellschaftlichen Reproduktionsprozeß* Frankfurt/Main

Grotjahn, M. (1977): *Die Sprache des Symbols.* München 1977

Häberlin, P. (1914): *Psychoanalyse und Erziehung,* in: Int. Zs. für ärztl. Psychoanalyse.

Haensch, D. (1969): *Repressive Familienpolitik.* Reinbek

Hagemann-White, C./Wolff, R. (1975): *Lebensumstände und Erziehung.* Frankfurt/Main

Heckhausen, H. (1974): *Leistung – Wertgehalt und Wirksamkeit einer Handlungsmotivation und eines Zuteilungsprinzips,* in: Sinn und Unsinn des Leistungsprinzips. München 1974

Heinsohn, G./Knieper, R. (1974): *Theorie des Familienrechts.* Frankfurt/Main 1974

Henningsen, F. (1973): *Kooperation und Wettbewerb. Antiautoritär und konventionell erzogene Kinder im Vergleich.* München

Herrmann, G. (1956): *Die sozialpädagogische Bewegung der zwanziger Jahre.* Weinheim/Berlin

Hitschmann, E. (1927): *Die gröbsten Fehler der Erziehung,* in: Zs. für Psa. Päd. 2

Hoffer, W. (1945): *Psychoanalytic Education,* in: Psychoanal. Study Child I

Holzer, H. (1974): *Kinder und Fernsehen.* München

Horkheimer, M. (1936): *Autorität und Familie. Allgemeiner Teil,* in: Horkheimer u. a., 1936

- (1960): *Autorität und Familie in der Gegenwart,* in: Claessens, D./Milhoffer, P. (Hg.): Familiensoziologie. Frankfurt/Main 1973

Horkheimer, M. u. a. (1936): *Autorität und Familie.* Paris

Horn, K. (1971): *Insgeheime kulturistische Tendenzen der modernen psychoanalytischen Orthodoxie,* in: Lorenzer u. a. 1971

Hug-Hellmuth, H. (1921): On the technique of child analysis, in: Int. J. Psychoanalysis. 11

Ilan, E. (1966): *The Problem of motivation in the educator's choice*, in: The Psychoanalytic Study Child. Vol. XVIII

Jacobson, E. (1973): *Das Selbst und die Welt der Objekte*. Frankfurt/Main 1973
– (1977): *Depression*. Frankfurt/Main

Johnson, A. M. (1949): *Zur Entstehung und Behandlung von Über-Ich-Defekten bei Jugendlichen*, in: Fürstenau, 1974

Junker, H. (1970): *Die neue Linke und ihr Verhältnis zur Psychoanalyse*, in: Vorgänge 5

Kanitz, O. F. (1920–1933): *Das proletarische Kind in der bürgerlichen Gesellschaft*, Frankfurt/Main 1974

Kessen, W. T. (1965): *The Child*.

Kiefer, G. W. (1970): *Situation, politische Relevanz, Standortbestimmung der Kinderläden in der BRD*, in: Zucht oder antiautoritäre Erziehung. Stuttgart 1970

König, R. (1974): *Die Familie der Gegenwart*. München

Kris, E. (1948): *On Psychoanalysis and Education*, in: Am. J. Orthopsych. chiatry, 18

Kron, F. (Hg.): (1973): *Antiautoritäre Erziehung*. Bad Heilbrunn

Kubie, L. (1969): *How can the Educational Process become a Behavioural Science?*, in: Ekstein/Motto (Hg.), 1969
– (1934): *Bodily Symbolization and the Development of Language*, in: Psychoanalyt. Quarterly 3

Kupffer, H. (1974): *Jugend und Herrschaft*. Heidelberg

Kutter, P. (1974): *Sozialarbeit und Psychoanalyse*. Göttingen

Laiblin, W. (1964): *Beruf und Berufung des Psychagogen*, in: Hdb. der Erziehungsberatung 11 (Hg.) H. R. Lückert. München

Landauer, K. (1930): *Zur psychosexuellen Genese der Dummheit*, in: Psyche 24/1970

Laplanche, J./Pontalis, J. B. (1973): *Das Vokabular der Psychoanalyse*. 2 Bde. Frankfurt/Main

Leber, A./Reiser, H. (Hg.) (1972): *Sozialpädagogik, Psychoanalyse und Sozialkritik*. Neuwied

Liegle, L. (1971): *Familie und Kollektiv im Kibbutz*. Weinheim

Lobrot, M. (1975): *La pédagogie institutionelle*. Paris

Loch, W. (1974): *Der Analytiker als Gesetzgeber und Lehrer – legitime oder illegitime Rollen?*, in: Psyche 28

Loewald, H. W. (1951): *Ego and Reality*, in: Int. J. Psycho-Anal. XXXII

Lorenzer, A. (1970): *Kritik des psychoanalytischen Symbolbegriffs*. Frankfurt/Main
– (1971): *Symbol, Interaktion und Praxis*, in: Lorenzer u. a.
– (1972): *Zur Begründung einer materialistischen Sozialisationstheorie*. Frankfurt/Main
– (1973): *Über den Gegenstand der Psychoanalyse*. Frankfurt/Main
– (1974): *Die Wahrheit der psychoanalytischen Erkenntnis*. Frankfurt/Main

Lorenzer, A./Dahmer, H./Horn, K./Brede, K. (1971): *Psychoanalyse als Sozialwissenschaft*. Frankfurt/Main

Mannoni, M. (1976): *Scheißerziehung*, Frankfurt/Main

Marcuse, H. (1963): *Das Veralten der Psychoanalyse*, in: ders.: Kultur und Gesellschaft. Bd. 2

Mauco, G. (1968): *Psychanalyse et éducation*. Paris

Mendel, G. (1972): *Anthropologie différentielle*. Paris

Meng, H. (1926/27): *Psychoanalyse und Heilpädagogik*, in: Meng (Hg.) 1973b

– (1961): *Zwang und Freiheit in der Erziehung*. Stuttgart

– (Hg.) (1973a): *Psychoanalytische Pädagogik des Kleinkindes*. München

– (Hg.) (1973b): *Psychoanalytische Pädagogik des Schulkindes*. München

Meves, C. (1976): *Die Schulnöte unserer Kinder*. Gütersloh 1976[6]

Mitchell, J. (1971): *Woman's Estate*. New York

Mitscherlich, A. (1963): *Auf dem Weg zur vaterlosen Gesellschaft*. München

Moeller, M. L. (1968): *Zur Psychoanalyse der Prüfungsangst*, in: Schweim, L. (Hg.): Der andere Studienführer. Weinheim 1973

Muck, M. (1974): *Die psychoanalytische Behandlung und ihre Wirkung*, in: Muck, M. u. a., 1974

Muck, M./Schröter/Klüwer/Eberenz/Kennel/Horn (1974): *Information über Psychoanalyse*. Frankfurt/Main

Müller, H. U. (1958): *Das Berufsmilieu des Volksschullehrers*, in: Fürstenau (Hg.) 1974

Müller-Braunschweig, C. (1928/29): *Triebleben und Charakter*, in: Bittner/Rehm (Hg.) (1966)

– (1930): *Psychoanalyse und Weltanschauung*, in: Zs. für Psa. Päd. Jg. IV Heft 10

Muldword, B. (1975): *Von Beruf Vater*. Zürich

Neidhardt, W. (1977): *Kinder, Lehrer und Konflikte. Vom psychoanalytischen Verstehen zum pädagogischen Handeln*. München

Neill, A. S. (1969): *Antiautoritäre Erziehung*. Reinbek

– (1971): *Das Prinzip Summerhill*. Reinbek

Neill, A. S. u. a. (1971): *Summerhill pro und contra. 15 Antworten zu A. S. Neills Theorie und Praxis*. Reinbek

– – (1975): *Die Befreiung des Kindes*. Reinbek

Pearson, G. A. J. (1954): *Psychoanalysis and the education of the child*, New York

Peller, L. (1933): *Gruppenerziehung des Kleinkindes vom Standpunkt der Montessori-Pädagogik und der Psychoanalyse*, in: Zs. für psa. Päd. Jg. VII Heft 3/4

– (1969): *Psychoanalysis and Public Education*, in: Ekstein/Motto (Hg.) (1969)

Pfister, O. (1928/29): *Elternfehler* I, II, III, IV. in: Zs. für Psa. Päd. II

Pflüger, P. M. (Hg.) (1977): *Tiefenpsychologie und Pädagogik*. Stuttgart

Pieper, B. (1975): *Familie – Stabilität und Veränderung*.

Politzer, G. (1928): *Kritik der Grundlagen der Psychologie*, Frankfurt/Main 1978

Redl, F. (1974): *Erziehung schwieriger Kinder*. München 1974[2]

Rehm, W. (1968): *Die psychoanalytische Erziehungslehre*. München

Reich, W. (1926/27): *Eltern als Erzieher*, in: Zs. für Psa. Päd.

– (1933): *Charakteranalyse. Technik und Grundlagen*. Raubdruck

Richter, H. E. (1969): *Eltern, Kind und Neurose*, Reinbek 1969[2]

– (1972a)*Patient Familie*. Reinbek

– (1972b): *Die Gruppe*. Reinbek

- (1974): *Lernziel Solidarität*. Reinbek
- (1976): *Flüchten oder Standhalten*. Reinbek
- (1974): *Psychoanalytische Beiträge zur Familienerziehung*, in: Fürstenau (Hg.) 1974

Rühle, O. (1919): *Erziehung zum Sozialismus*. Berlin
- (1925): *Zur Psychologie des proletarischen Kindes*, Frankfurt/Main 1969

Rühle, A./Rühle, O. (o. J.): *Erziehung und Gesellschaft* Berlin 1972

Rühle, O./Sperber, M. u. a. (1932); *Die Krise der Psychologie. Psychologie der Krise*. Berlin. Raubdruck

Rumpf, H. (1976): *Unterricht und Identität*. München

Salzberger-Wittenberg, I. (1973): *Die Psychoanalyse in der Sozialarbeit*. Stuttgart

Schmideberg, M. (1931): *Zur Dynamik der durch die Strafe ausgelösten psychischen Vorgänge*, in: Bittner/Rehm (Hg.), 1966
- (1932): *Erziehung und Gesellschaftsordnung*, in: Imago 18
- (1934): *Zur psychoanalytischen Behandlung asozialer Kinder und Jugendlicher*, in: Meng (Hg.) 1973b

Schmidt, V. (1923): *Psychoanalytische Kindererziehung in Rußland*, in: Antiautoritäre Erziehung. Revol. Schriften IV, Berlin 1968

Schneider, E. (1926/27): *Der Geltungsbereich der Psychoanalyse für die Pädagogik*, in: Zs. für Psa. Päd. Jg. 1

Schraml, W. J. (1969): *Einführung in die Tiefenpsychologie für Pädagogen und Sozialpädagogen*. Stuttgart 1969[2]

Schülein, J. (1975): *Das Gesellschaftsbild der Freudschen Theorie*, Frankfurt/Main

Seifert, M. (1969a): *Zur Theorie der antiautoritären Kindergärten*, in: Konkret 27. Jan. 1969 Nr. 3
- (1969b): *Antiautoritäre Erziehung*, in: Freiburg 1969
- (1973); *Kinderschule Frankfurt, Eschersheimer Landstr.*, in: Kron (Hg.) 1973

Singer, K. (1973): *Verhindert die Schule das Lernen?* Ehrenwirth

Sperber, M. (1932): *Der gegenwärtige Stand der Psychologie*, in: Rühle/Sperber u. a. 1932

Der Spiegel (1972): »*Vorm Schlafengehen kommt der Kommissar*. 4/72

Spielrein, S. (1922): *Zur Entstehung der kindlichen Worte Papa und Mama*, in: Imago VIII

Spitz, R. (1972): *Vom Säugling zum Kleinkind*. Stuttgart 1972[3]

Szekely, L. (1951): *Die Realität in der Auffassung Freuds*, in: Theorie 17/Jg.

Terrier, G./Bigeault, J. P. (1975): *Une École pour Oedipe*. Toulouse

Vasquez, A./Oury, F. (1967): *Vers une pédagogie institutionnelle*. Paris

Vinnai, G. (1976): *Psychoanalyse der Schule*, in: Bruder, K. J. U. a. (1976): Kritik der Pädagogischen Psychologie. Reinbek

Volmerg, U./Volmerg, B./Nicklas, H./Speier, S. (1977): *Gesellschaftliche Bedingungen aggressiven Verhaltens. Eine Theorie zur politischen Psychologie der Aggression*. 3 Bde. Frankfurt/Main, HSFK

Wellendorf, F. (1973): *Schulische Sozialisation und Identität*. Weinheim

von Werder, L. (1975): *Erziehung und gesellschaftlicher Fortschritt*. Frankfurt/Main/Berlin
- (1977): *Was kommt nach den Kinderläden?* Berlin

Wolff, R. (1973): *Erziehung ohne Zwang? Über einige Grundfragen antiautoritärer sozialistischer Erziehung*, in: Kron (Hg.) 1973

Wolffheim, N. (1966); *Psychoanalyse und Kindergarten.* München

Wurzbacher, G./Cyprian, G. (1975): *Sozialisationsmängel der Kleinfamilie unter besonderer Berücksichtigung der BRD*, in: Probleme der Familie und der Familienpolitik in der BRD (Hg.): Bundesministerium für Jugend, Familie und Gesundheit

Zaretsky, E. (1978): *Die Zukunft der Familie. Über Emanzipation und Entfaltung der Persönlichkeit.* Frankfurt/M.

Zehrfeld, K. (1977): *Freinet in der Praxis.* Weinheim

Zulliger, H. (1936): *Über eine Lücke in der psychoanalytischen Pädagogik*, in: Zs. für Psa. Päd. 10

– (1961): *Horde, Bande, Gemeinschaft.* München

– (1969a): *Heilende Kräfte im kindlichen Spiel.* Frankfurt/Main

– (1969b): *Umgang mit dem kindlichen Gewissen.* Frankfurt/Main

– (1970): *Die Angst unserer Kinder.* Frankfurt/Main

Sachregister

Abwehrmechanismen 38, 49

Affekte (siehe auch Gefühle) 45, 73, 74, 85, 88, 94, 118

Aggression 33f., 36, 57, 62, 79, 88, 89, 115

Analyse, psychoanalytische (siehe auch Therapie) 61, 62, 63, 95

Antiautoritäre Erziehung 21, 25ff., 100ff., 113, 114, 117

Antipädagogik 114

Autorität 58, 68, 71, 72, 85, 87, 102, 113, 114, 123

Charakter 38, 39, 49, 73

Curriculum 109, 110, 120

Denken 45, 47

Deutungsfreie Heilpädagogik 94, 117, 118

Dyade 30f., 34ff., 37, 42, 46f., 77

Elektrakomplex 38

Eltern (siehe auch Mutter und Vater) 45, 50, 67, 73, 78ff., 103, 113

Erzieher (siehe auch Lehrer) 15, 18, 21, 25, 39, 45, 58, 60, 61ff., 80, 84, 86, 88, 90, 94, 114, 115, 124

Erziehung (Begriff der) 10, 56, 124

Erziehung und Gesellschaft 14, 15, 17, 19, 20, 25ff., 53, 55f., 59, 68, 69, 70, 75, 80, 81f., 89, 97, 101, 111, 115, 116, 117, 121, 123, 125

Erziehungsmittel 25, 56, 68, 92, 94, 112

Erziehungsziele 13, 15, 19, 20, 24, 26, 27, 53, 57, 58, 61, 62, 74, 75, 77, 81, 94, 95, 101, 104

Es 37ff., 43, 48, 104

Familiale Erziehung 21, 80ff., 121, 125

Familie und familiale Beziehungen 26, 27, 36, 40, 41, 50f., 63ff., 79ff., 96, 103, 124

Familienroman 51

Fernsehen 69, 70, 115f.

Fixierung 102f.

Gefühle (siehe auch Affekte) 32, 47, 57, 61, 62, 69, 71, 78, 79, 86, 87, 89, 90, 105, 116

Gemeinschaftserziehung und Erziehung in der Gruppe 20f., 27, 53, 63, 77ff., 87ff., 103, 120, 121

Geschwister 66, 78, 108

Grenzen der Erziehung 53, 82, 95, 111, 117

Großeltern 67, 108

Gruppe (siehe auch Gemeinschaftserziehung) 77ff., 81f., 92, 106, 107, 122

Heilpädagogik (siehe auch deutungsfreie Heildpädagogik) 87, 94, 98, 117

Ich und Ich-Psychologie 15, 24, 27, 28, 30, 35, 37ff., 43ff., 59, 60, 102, 104, 107, 108, 109

Ich-Ideal 18, 20, 21, 89

Identifizierung 20f., 43, 56, 60, 61, 62, 78, 89, 90

Identität 46, 107, 108, 109

Individuum und Individualität 36, 40, 47, 69, 74

Institutionelle Pädagogik 121ff.

Interaktion und Interaktionstheorie 9, 29, 45, 46, 47, 48, 107ff., 112

Inversion 34, 36

Inzestverbot und inzestuöse Beziehungen 35, 41, 71, 72, 73

Kibbutz 51, 73, 120, 121

Kinderanalyse und Kindertherapie 18, 52, 93

Kindergarten 79

Körper und Körperbedürfnisse 37, 39, 44ff., 49, 59, 77

Konservativismus der Psychoanalyse 9, 75, 97 ff.

Lehrer (siehe auch Erzieher) 21, 58, 79, 82, 84 ff., 108, 110, 111, 113, 118
Libido und libidinöse Beziehungen 33, 36, 45, 56, 84, 85, 104

Märchenunterricht 117, 119
Marxismus und Psychoanalyse 16 f., 22 f., 26, 121
Massenpsychologie und massenpsychologische Pädagogik 19 ff., 27, 81, 87 ff., 101
Medien (siehe auch Fernsehen) 69, 75, 115
Milieu, therapeutisches 120
Mutter 29 ff., 37, 38, 41, 43, 46 f., 50, 58, 65, 69 ff., 75 ff., 108

Nachträglichkeit 54 f.

Objektbeziehungen 29, 30 ff., 39 ff., 51, 56, 77 ff., 89, 103
Ödipale Beziehungen 32, 35 ff., 38, 41 ff., 46, 47, 50, 58, 64, 71, 72, 75, 84, 85, 102, 115, 116

Paarbeziehung 20, 62, 78, 85, 87, 88
Pädagogische Psychologie 25, 96
Phasen der psychosexuellen Entwicklung 31 ff., 77 ff.
Prophylaxe (Neurosenprophylaxe) 12, 20, 21, 24, 28, 54, 58, 62, 63, 95, 117, 120
Psychagogik 93, 95, 98, 99
Psychische Ebene (siehe auch Realität, psychische) 42 ff., 49, 50 f.

Realität, äußere 18 f., 43 f., 46, 55 ff., 60, 63, 69, 79, 83, 101, 106, 109, 120
Realität, psychische 43 f., 45, 46, 49, 50, 59, 94, 115, 118
Revision der Psychoanalytischen Pädagogik 15, 59, 102

Schule und schulische Erziehung 20, 21, 78, 81 ff., 95, 96, 97, 107 ff.
Selbstregulierung 102, 104
Sexualität 11, 19 f., 22, 27, 30 ff., 45, 48, 49, 57, 64, 69, 71, 72, 102
Sozialarbeit 18, 105 ff.
Sozialisation 10, 24, 28, 40 ff., 56, 64, 65, 68, 79
Sozialpädagogik 105, 117
Spielpädagogik 60, 111, 117
Sprache 42, 44 ff., 119
Strukturhypothese 37 ff., 41 ff., 59

Therapie, psychoanalytische 12, 14, 17, 45, 48, 49, 52, 54, 62, 63, 92 ff., 96, 100, 107, 111, 117, 121, 122, 123
Trieb und Trieberziehung (siehe auch Aggression und Sexualität) 15, 24, 28, 33, 37, 38, 44 ff., 52 ff., 77, 85, 101

Über-Ich 18, 37 ff., 57, 59, 89, 113
Übertragung 12, 21, 25, 45, 56, 61, 63, 84 ff., 102, 105, 108, 112, 118, 119, 123
Unbewußtes und unbewußte Beziehungen 39, 46 ff., 61, 94, 106, 108, 116, 120, 124

Vater 31 f., 35, 38, 41 ff., 46 f., 50, 65, 68 ff., 89, 99, 102, 108, 115
Versagungen 42, 49, 62, 104

Personenregister

Abelin, A. L. 47, 128
Adler, A. 22f., 128
Adorno, T. W. 28
Aichhorn, A. 15, 54, 128
Ardoino, J. 117, 122, 128

Bader, K. 80, 128
Balint, A. 53, 128
Balint, M. 59, 93, 96, 128
Beck, J. 82, 128
Beier, R. 111, 128
Benedek, T. 30, 50, 67, 76, 128
Berne, E. 108, 128
Bernfeld, S. 14, 16, 20, 34, 53, 54, 56, 61,
    81, 82, 83, 84, 87, 90, 91, 92, 101, 105,
    117, 120, 128
Bettelheim, B. 57, 120, 128
Bigeault, J. P. 124, 134
Bittner, G. 14, 19, 60, 61, 95, 102, 104,
    128, 129
Bornstein, S. 15, 62, 74, 114, 115, 129
Braunmühl, E. von 114, 129
Brezinka, W. 98, 129
Bronfenbrenner, U. 129
Brückner, P. 72, 129
Büttner, C. 111, 128, 129
Burian, W. 20, 104, 129
Burlingham, D. 62, 74, 90, 129
Busche, E. 101, 129
Buxbaum, E. 20, 21, 87, 89, 129

Castel, R. 121, 129
Claessens, D. 131
Combe, A. 82, 129
Correll, W. 25, 129
Cremerius, J. 14, 129
Cyprian, G. 75, 135

Dahmer, H. 16, 20, 27, 129, 132
Dermitzel, R. 27, 129
Devereux, E. 68, 129
Dewey, J. 121
Dienelt, K. 9, 129

Ekstein 23, 31, 97, 98, 129, 132
Erikson, E. 24, 31, 49, 98, 130

Fenichel, O. 16, 30, 42, 43, 56, 130
Ferenczi, S. 13, 18, 19, 42, 44, 130
Fraiberg, S. 115, 130
Freud, A. 15, 17, 18, 19, 24, 30, 38, 54,
    78, 79, 88, 130, 131
Freud, S. 11, 12, 13, 15, 16, 17, 19, 30,
    32, 37, 38, 39, 40, 42, 45, 47, 48, 53,
    57, 58, 60, 61, 77, 78, 89, 93, 94, 130
Freinet, C. 121, 122, 135
Fromm, E. 12, 131
Fürstenau, P. 14, 84, 85, 87, 131

Gente, H.-P. 20, 131
Glover, E. 131
Goldstein 79, 131
Gordon, T. 112ff., 131
Gröll, J. 70, 72, 131
Grotjahn, M. 116, 131

Häberlin, P. 13, 131
Haensch, D. 71, 131
Hagemann-White, C. 66, 131
Heckhausen, H. 70, 131
Heinsohn, G. 76, 77, 80, 131
Henningsen, F. 103, 131
Herrmann, G. 131
Hitschmann, E. 56, 131
Holzer, H. 115, 116, 131
Horkheimer, M. 49, 68, 69, 71, 74, 82,
    131
Horn, K. 28, 110, 131, 132
Hug-Hellmuth, H. 18, 55, 132

Ilan, E. 62, 86, 132

Jacobson, E. 30, 32, 33, 46, 47, 132
Junker, H. 102, 132

Kanitz, O. F. 22, 132
Kessen, W. T. 80, 132

Kiefer, G. W. 132
Kietz, G. 76
Klein, M. 18, 105
Knieper, R. 76, 77, 131
König, R. 67, 132
Kopernikus, N. 12
Kris, E. 132
Kron, F. 27, 132, 135
Kubie, L. 44, 95, 132
Kupffer, H. 84, 113, 114, 132
Kutter, P. 105, 132

Lacan, J. 41
Laiblin, W. 98, 132
Landauer, K. 45, 57, 132
Laplanche, J. 35, 41, 55, 132
Leber, A. 105, 132
Liegle, L. 73, 101, 121, 132
Lobrot, M. 122, 123, 132
Loch, W. 12, 132
Loewald, H. W. 43, 132
Lorenzer, A. 30, 46, 48, 107, 108, 118, 119, 131, 132

Mannoni, M. 96, 132
Marcuse, H. 42, 103, 133
Mauco, G. 133
Mendel, G. 41, 135
Meng, H. 14, 84, 86, 133
Meves, C. 98, 99, 133
Milhoffer, P. 131
Mitchell, J. 66, 133
Mitscherlich, A. 68, 71, 133
Moeller, M. L. 90, 133
Montessori, M. 104
Motto, R. C. 23, 129, 132
Muck, M. 93, 133
Müller, H. U. 35, 85, 86, 87, 133
Müller-Braunschweig, C. 57, 133
Muldworf, B. 35, 133

Neidhardt, W. 117 ff., 133
Neill, A. S. 27, 87, 133
Nicklas, H. 120, 129, 134

Orban-Plasa, M. 128, 129
Oury, F. 121, 122, 124, 134

Pearson, G. A. J. 133
Peller, L. 24, 60, 83, 86, 87, 92, 109, 133
Petzold, H.-J. 82, 129
Pfister, O. 15, 133
Pflüger, P. M. 133
Pieper, B. 77, 103, 133
Plutarch 80
Politzer, G. 10, 40, 133
Pontalis, J.-B. 35, 41, 55, 132

Redl, F. 120, 133
Rehm, W. 9, 12, 14, 133
Reich, W. 16, 19 f., 27, 71, 72, 90, 104, 133
Reiser, H. 105, 132
Richter, H. E. 74, 96, 105, 106, 107, 117, 133
Rühle, O. 22, 134
Rumpf, H. 108 ff., 134

Salzberger-Wittenberg, I. 105, 134
Sartre, J. P. 123
Schmideberg, M. 57, 134
Schmidt, V. 54, 63, 102, 103, 134
Schneider, E. 134
Schraml, W. J. 9, 134
Schülein, J. 50, 134
Seifert, M. 27, 101, 104, 105, 134
Sève, L. 10
Singer, K. 134
Slavson, S. 62
Solnit, A. J. 131
Speier, H. 134
Sperber, M. 22, 134
Spielrein, S. 44, 134
Spitz, R. 24, 134
Suci, G. J. 129
Szekely, L. 134

Terrier, G. 124, 134

Vasquez, A. 121, 122, 124, 134
Vinnai, G. 84, 134
Volmerg, U. 111, 134

Wellendorf, F. 107 ff., 134

Werder, L. von 23, 28, 134
Wolff, R. 66, 105, 131, 135
Wolffheim, N. 18, 79, 135
Wurzbacher, G. 75, 135

Zaretsky, E. 66, 135
Zehrfeld, K. 122, 135
Zulliger, H. 18, 20, 21, 24, 54, 84, 86, 87,
 88, 89, 94, 117, 119, 135

campus Studium Kritische Sozialwissenschaft

501 Jürgen Ritsert, Wissenschaftsanalyse als Ideologiekritik
502 Walter Markov, Volksbewegungen der Französischen Revolution
503 Gisela Ulmann, Sprache und Wahrnehmung
504/5 Blanke, Jürgens, Kastendiek, Kritik der Politischen Wissenschaft 1 + 2
506 Klaus Jürgen Gantzel (Hg.), Herrschaft und Befreiung in der Weltgesellschaft
507 Ekkehart Krippendorff, Internationales System als Geschichte
508 Schweitzer, Mühlenbrink, Späth, Über die Schwierigkeit, soziale Institutionen zu verändern
509 Brigitte Geissler, Peter Thoma (Hg.), Medizinsoziologie
510/11 Rolf-Richard Grauhan, Lokale Politikforschung 1 + 2
512 Murray Edelman, Politik als Ritual
513 Klaus Dörner, Diagnosen der Psychiatrie
514 Josef Esser, Einführung in die materialistische Staatsanalyse
515 Siegfried Bahne, Die KPD und das Ende von Weimar
516 Gerd Hardach, Deutschland in der Weltwirtschaft
517 Sozialwissenschaften 1, Studiensituation, Vermittlungsprobleme, Praxisbezug
518/19 Volker Schurig, Naturgeschichte des Psychischen 1 + 2
520/21 Ute Holzkamp-Osterkamp, Grundlagen der psychologischen Motivationsforschung 1 + 2
522 Volker Schurig, Die Entstehung des Bewußtseins
523 Christa Rebell, Sozialpsychiatrie in der Industriegesellschaft
524 Manfred Hahn, Historiker und Klassen
525/26 Bader, u. a., Einführung in die Gesellschaftstheorie 1 + 2
527 Rainer Seidel, Denken – Psychologische Analyse der Entstehung und Lösung von Problemen
528 Niels Kadritzke, Faschismus und Krise
529 Stanley Diamond, Kritik der Zivilisation
530 Schweitzer, Mühlenbrink, Späth, Projektstudium in der Heimerziehung
531 Hartmut Häußermann, Die Politik der Bürokratie
532 Frigga Haug, Erziehung und gesellschaftliche Produktion: Kritik des Rollenspiels
533 Christopher Hill, Von der Reformation zur industriellen Revolution
534 Ekkehart Krippendorff, Internationale Beziehungen als Wissenschaft
535 Rolf Lindner, »Das Gefühl von Freiheit und Abenteuer«
536 Jürgen Ritsert, Denken und gesellschaftliche Wirklichkeit
537 Eva Cornelia Schöck, Arbeitslosigkeit und Rationalisierung
538 Sozialwissenschaften 2, Berufsorientiertes Studium?
539 Kappeler, Holzkamp, H.-Osterkamp, Psychologische Therapie und politisches Handeln
540 Rudolf Schmid, Intelligenz- und Leistungsmessung
541 Siegfried Jaeger, Irmingard Staeuble, Die gesellschaftliche Genese der Psychologie
542 Ernst-Ulrich Huster, Die Politik der SPD 1945–1950